연세 한국어 4-2

연세대학교 한국어학당 편

연세대학교 출판문화원

연세 한국어 **4-2**

편저자 연세대학교 한국어학당 교재편찬위원회
집필진 조현선 · 한송화 · 소지영 · 최명온
발 행 연세대학교 출판문화원

주소 서울시 서대문구 연세로 50
전화 02) 2123-3380~2
팩스 02) 2123-8673
ysup@yonsei.ac.kr
http://www.yonsei.ac.kr/press
등록 1955년 10월 13일 제9-60호
인쇄 (주)동국문화
삽화 디투웍스
녹음 (주)반도음반
성우 곽윤상, 윤미나, 전광주, 홍소영

2013년 3월 5일 1판 1쇄　　2023년 5월 10일 1판 10쇄
ISBN 978-89-97578-93-1 (08710)
ISBN 978-89-97578-91-7 (08710) (세트)

값 20,000원 (CD포함)

머리말

국내 최고의 명성으로 한국어 교육의 50년 전통을 이어 온 연세대학교 언어연구교육원 한국어학당에서는 한국어 교육의 질을 높이기 위해 그 동안 많은 교재를 편찬해 왔다. 최근 한국과 한국 문화에 대한 세계인들의 관심이 높아지고 한국어를 배우고자 하는 해외동포와 외국인이 늘면서 한국어 교재에 대한 학습자들의 요구도 다양해졌다. 이에 따라 연세대학교 언어연구교육원 한국어학당에서는 다양한 학습자들을 대상으로 한국어와 한국 문화를 교육할 수 있는 새로운 교재를 출간하게 되었다.

연세대학교 언어연구교육원 한국어학당에서 출간하는 이 교재는 한국어 초급 학습자를 위한 '연세 한국어 1'과 '연세 한국어 2', 중급 학습자를 위한 '연세 한국어 3'과 '연세 한국어 4', 고급 학습자를 위한 '연세 한국어 5'와 '연세 한국어 6'의 총 6권으로 되어 있다. 각 교재는 학습자들의 한국어 능력에 따라 필요한 여러 가지 유형의 의사소통 기능을 집중적으로 향상시킬 수 있도록 구성되었다.

'연세 한국어'는 한국어 학습 단계별로 요구되는 내용을 주제로 대화가 구성되었으며 어휘와 문법에 대한 집중적인 연습뿐만 아니라 말하기, 듣기, 쓰기, 읽기 능력을 균형 있게 향상시킬 수 있도록 다양한 과제와 활동으로 구성된 통합형 교재이다. 또한 학습자들이 흥미를 가질 수 있는 주제와 장면을 기초로 여러 가지 의사소통 기능을 수행하면서 학습자가 중심이 되어 한국어를 배우고 익힐 수 있도록 배려하였다.

'연세 한국어'가 연세대학교 언어연구교육원 한국어학당에서 공부하는 학생들뿐만 아니라 한국어를 정확하게 이해하고 구사하려는 모든 한국어 학습자들에게 도움이 되기를 바란다.

연세대학교 언어연구교육원
한국어학당 교재편찬위원회

일러두기

- '연세 한국어 4'는 한국어를 배우려는 외국인과 교포 성인 학습자를 위한 중급 단계의 책으로 내용은 총 10개의 과로 이루어져 있으며, 각 과는 5개의 항으로 되어 있다. '연세 한국어 4'는 중급 수준의 한국어 숙달도를 지닌 학습자가 꼭 알아야 할 주제를 중심으로 구성되었으며 이와 함께 필수적인 어휘와 문법, 문화와 사고방식을 소개함으로써 한국에 대한 이해를 넓히고자 하였다.

- 각 과의 앞에는 해당 과의 제목 아래에 각 항의 제목과 과제, 어휘, 문법, 문화를 제시하여 각 과에서 다룰 내용을 한 눈에 알아보기 쉽게 하였다. 그리고 매 과의 마지막 항은 복습 항으로, 그 과에서 다룬 내용을 종합적으로 복습할 수 있도록 하였다. 문화 부분은 각 과의 주제와 관련된 내용을 선정하여 다루었다.

- 각 과의 제목은 주제에 해당하는 명사로 제시하였으며, 각 항의 제목은 본문 대화 부분에 나오는 중요 문장으로 제시하였다.

- 각 항은 제목과 학습 목표, 도입 그림이나 사진, 도입 질문, 본문 대화, 어휘, 문법 연습, 과제로 구성되어 있다.

- 학습 목표에는 학습자들이 학습해야 할 의사소통적 과제와 어휘, 문법을 제시하였다.

- 도입 질문은 주제와 기능을 쉽게 이해할 수 있는 도입 그림이나 사진과 함께 제시하여 학습자로 하여금 주제와 과제에 대한 흥미와 호기심을 가질 수 있도록 하였다.

- 본문 대화는 각 과의 주제와 관련된 가장 전형적이고 대표적인 대화 상황을 8명의 주요 인물과 그 주변 인물들의 일상생활을 중심으로 설정하고자 하였으며 각각 3개의 대화 쌍으로 구성하였다.

- 어휘는 각 과의 주제나 기능과 관련된 어휘 목록을 선정하여 제시하고 연습 문제를 통해 확인하도록 하였다. '연세 한국어 4'에서 새로 다룬 단어는 약 600개이다.

- 문법 연습은 각 과에서 다루어야 할 핵심 문법 사항을 각 항마다 2개씩 추출하여 문법의 의미와 기능을 중심으로 연습할 수 있도록 구성하였다.

- 과제는 학습 목표에서 제시한 의사소통 기능에 부합되는 것으로 각 항마다 2개를 제시하였다. 특히 과제 1은 각 항에서 다룬 주요 문법을 활용한 과제 활동으로, 과제 2는 각 항의 핵심 기능을 종합적으로 수행하는 통합 활동으로 구성하였다. 과제에서는 말하기, 듣기, 읽기, 쓰기의 네 기능을 적절히 제시하였다.

- 각 과의 마지막 부분에는 문화와 문법 설명을 제시하였다.

- 문화는 각 과의 주제와 관련된 한국 문화를 학습자의 눈높이에 맞추어 쉽게 설명하는 방식으로 기술하였다. 또 각 나라의 문화와 비교해 보거나 자신의 경우를 말하게 하는 등 비교문화적인 관점을 바탕으로 언어 학습 활동과 연계하도록 구성하였다. 그리고 그 내용이 문화적 지식에 그치지 않고 한국어 능력과 통합적으로 학습될 수 있도록 하였다.

- 문법 설명 부분에서는 해당 문법에 대해 설명을 붙이고 각각의 예문을 제시하였다.

- 색인에서는 각 과에서 다룬 문법과 어휘를 가나다 순으로 정리하였으며 해당 본문의 과와 항을 함께 제시하였다.

차례

연세 한국어 4-1

연세 한국어 4-2

내용 구성

	제목	소제목	과제	어휘	문법	문화
01	나의 생활	살다가 보니 적응이 됩니다	살고 있는 곳 소개하고 추천하기	주거 환경 관련	-다가 보니 -긴 하는데	서울의 외국인 마을
		저희 어머니나 다름없는 분이에요	회고록 쓰기	감정 관련 어휘	-었더라면 이나 다름없다	
		시간을 낭비하지 않도록 계획을 세우세요	시간 관리, 계획하기	계획 관련 어휘	-도록[1] -는다고 해서	
		다른 사람도 도와 가면서 살아야겠어요	가치 기준 이야기하기	가치 기준 관련 어휘	-는다 -는다 하는 게, -어 가면서	
02	사람의 성격	수줍음을 많이 타는지 말이 없어요	성격 묘사하기	성격 관련 어휘	-는지 -다가 보면	체질과 성격
		상상력만 풍부하면 뭘 해요?	적성 알아보기	직업 관련 어휘	-더니[1] -으면 뭘 해요?	
		일을 시작했다 하면 끝까지 해요	성격과 환경과의 관계 토론하기	환경 관련 어휘	-을 게 아니라 -었다 하면	
		귀 기울여 듣지 않으세요	뉴스 듣고 요점 파악하기	질병 관련 어휘	-을 뻔하다 -는다기에	
03	일상의 문제	교환을 하고 싶어요	교환이나 환불하기	교환, 반품 관련 어휘	-기에는 -고 보니	이웃사촌
		그렇게 시끄러워서야 어디 쉴 수 있겠어요?	인터넷 답글 쓰기	피해 관련 어휘	-어서야 어디 -겠어요?, -는다고 해도	
		도대체 잠을 잘 수가 있어야지	이웃과의 분쟁 해결하기	분쟁 관련 어휘	-었더니 -을 수가 있어야지	
		하숙비 반을 돌려 주셔야지요	계약 때 주의사항 충고하기	계약 관련 어휘	-어야지 그렇지 않으면 -었으면 -고 얼마나 좋았겠어요?	
04	현대 한국의 문화	스트레스도 풀 겸 노래방에 갈까요?	놀이 문화 비교하고 소개하기	놀이 관련 어휘	-을 겸 -는다던데	한국의 말맛
		이젠 저도 뜨거운 음식에 익숙해졌는걸요	음식문화에 대해 발표하기	맛 관련 어휘	-는걸요 에 비하면	
		무슨 말인지 알아듣기 어렵던데요	설명문 읽고 정리하기	인용 관련 어휘	-는다고들 하다 -건 -건	
		바쁠 텐데 동호회 활동도 해요?	여가 생활에 대한 인터뷰하기	여가생활 관련 어휘	이며 여간 -지 않다	
05	시간과 변화	기술이 나날이 발전하고 있어요	과거와 현재 비교하여 설명하기	시간 관련 어휘	만 해도 -다가는	한국의 가족
		요즘은 맞벌이를 안 하고서는 생활하기 힘들어요	결혼관 조사하여 발표하기	결혼 관련 어휘	에 의하면 -고서는	
		감시 카메라로 인해 스트레스를 받는 사람들도 많다는데요	무인감시카메라 설치에 대해 토론하기	권리 관련 어휘	로 인해 에 달려 있다	
		오래 있다 보면 변화를 못 느끼는 법이에요	의식 변화에 대해 이야기하기	사고방식 관련 어휘	-더니[2] -는 법이다	

	제목	소제목	과제	어휘	문법	문화
06	지식과 사회	잘못된 정보로 인해 실수를 하는 수가 있어요	정보 이용 방법에 대해 조언하기	보고서 작성 관련 어휘	만으로는 -는 수가 있다	인터넷 예절
		드라마든 뉴스든 가리지 않고 봐요	TV의 영향에 관하여 읽고 토론하기	방송 관련어휘	-는 축에 들다 -든 -든	
		마치 마주보고 대화하는 것처럼 느껴져요	인터넷에서 정보 찾기	인터넷 관련 어휘	마치 -는 것 처럼 -는다고	
		신문을 읽으면 상식이 풍부해져요	신문의 기능 토론하기	신문 관련 어휘	-는가 하면 -는 게 틀림없다	
07	미신	제가 축구 경기만 봤다 하면 져요	추론하며 읽기	운명 관련 어휘	따라 -을걸 그랬다	한국의 민간 신앙
		이름을 빨간 색으로 쓰면 안 돼요?	금기 소개하기	미신 관련 어휘	-는다더라 -네 -네 해도	
		사주 카페에 한번 가 볼까요?	예시 들어 글쓰기	일생 관련 어휘	-는 김에, 설마 -는 건 아니겠지요?	
		오늘 좋은 꿈을 꿨어요	꿈에 대한 글 읽고 정리하기	꿈 관련 어휘	도 이지만 -는다면야	
08	생활 경제	저축 상 타신 걸 축하드립니다	돈 모으는 방법 소개하기	소비, 지출 관련 어휘	-을 따름이다 -으니만큼	한국의 속담에 나타난 경제 의식
		은행에 저축하는게 최고예요	경제 관련 글 읽고 비교하기	비용 관련 어휘	-자면 대로	
		신용카드로 결제가 안 되는 바람에 당황했어요	신용카드의 장단점 듣고 요점 파악하기	신용 카드 관련 어휘	-는 바람에 -었으면야	
		광고를 보면 사고 싶은 마음이 들게 마련이죠	광고의 특성 이해하고 광고 만들기	광고 관련 어휘	-으나마나 -게 마련이다	
09	명절과 축제	복 많이 받으라고 덕담을 하지요	명절이야기 읽고 이해하기	설 관련 어휘	-으라고 -는다든가	정월대보름
		추석 때는 고속도로가 붐벼요	명절에 대해 조사하고 발표하기	접두사	왜 -지 않겠어요? 으로 봐서는	
		강릉에서 하는 단오제에 갔다 왔어요	축제에 대한 글 읽고 정리하기	축제 관련 어휘	-던가요? -도록2	
		한국에는 5월에 기념일이 많은 것 같아요	기념일에 대한 의견 듣고 토론하기	기념 관련 어휘	그러고 보니, 그렇다고 -을 수는 없지요	
10	현대를 살아가는 사람들	자꾸 시계를 보는 버릇이 생겼어요	고민 듣고 이야기 하기	일중독 관련 어휘	-게 -을까 보다	한국인의 여유
		물질만능주의가 어제 오늘의 일은 아니지요	단락 주제 파악하기	사상 관련 어휘	-는 셈이다 이라야	
		신경 쓰는 만큼 건강하게 살 수 있어요	핵심 내용 정리하기	건강 관련 어휘	으로는 -을 필요가 없다	
		의사소통이 단절되어 문제가 나타납니다	논리적인 글쓰기	담화 표지	-고자 -음에 따라	

제6과 지식과 사회

01 잘못된 정보로 인해 실수를 하는 수가 있어요

학습 목표 ● 과제 정보 이용 방법에 대해 조언하기 ● 어휘 보고서 작성 관련 어휘 ● 문법 만으로는, -는 수가 있다

순위	정보 얻는 곳
1위	인터넷 검색
2위	친구
3위	선배
4위	교내 도서관
5위	교수님
6위	외부기관

왼쪽 표는 대학생들에게 정보를 어디에서 얻는지 조사한 것입니다. 여러분은 어디에서 정보를 얻습니까?
우리는 쏟아지는 정보 속에서 정보들을 어떻게 선별해야 할까요?

CD2:01~02

마리아 한국의 여가 문화에 대해 발표를 하려고 하는데 참고할 만한 책이 있으면 좀 소개해 주세요.

민철 내가 가지고 있는 자료가 있는데 그것만으로는 부족할 것 같아요. 신문이나 인터넷 사이트에서 찾아보면 좀 더 정보를 얻을 수 있을 거예요.

마리아 신문에서도 그런 정보를 얻을 수 있어요?

민철 네, 금요일에는 보통 주말에 갈 만한 여행지나 공연 정보 등에 관한 기사가 많이 나와요. 그러니 신문도 참고가 될 거예요.

마리아 그럼 신문도 잘 봐야겠군요. 그런데 인터넷 사이트에는 정확하지 않은 정보도 꽤 있어서 신뢰하기 어려운 것도 있어요.

민철 맞아요. 잘못하면 그런 정보로 인해 실수를 하는 수가 있어요. 그러니까 찾은 정보를 무조건 믿으면 안 되고 다시 확인해야 돼요.

얻다
꽤
신뢰하다
잘못하면

어휘

발표	분석	수집	정리	조사	종합	보고서

01 빈칸에 설명에 맞는 어휘를 쓰십시오.

....	....	....	....
연구를 위하여 여러 가지 자료를 찾아 모으다.	내용을 명확히 알기 위하여 자세히 살펴보거나 찾아 보다.	여러 가지를 한 데 모아서 합하다.	내용이 복잡한 것이 나 어려운 것을 하나 하나 따져서 밝히다.
정보~, 자료~ ~하다	인구~, 설문~,	~진찰을 받다, 의견을 ~하다	자료~, 심리~ ~하다

....	....	....
체계적으로 분류하고 종합하다.	어떤 사실이나 결과를 세상에 알리거나 여러 사람 앞에서 말하다.	일에 관한 내용이나 결과를 쓴 글이나 서류.
서류~, 책상~	정부~, 연구~	~를 작성하다, ~를 제출하다

02 다음은 '국제 환경법'에 대한 보고서 작성 계획표입니다. 빈칸에 알맞은 어휘를 쓰십시오.

1) 도서관이나 인터넷에서 자료를 찾아 정보를 **수집** 한다.
2) 인터넷에서 환경법과 관련된 기사거리를 찾는다.
3) 전체 자료에서 각 국의 '환경법'에 대해 자료를 모두 모은다.
4) 우선 각 국의 환경법을 조사하고 모은 자료를 통해 문제점을 .... 한다.
5) 지금까지의 조사 내용을 모두 분석하여 .... 한다.
6) 정리한 내용을 가지고 사람들 앞에서 .... 한다.
7) 마지막으로 지금까지 모은 자료와 발표한 내용을 종합해서 .... 을/를 작성한다.

문법 연습

만으로는

01 여러분의 생각을 말해 보십시오.

날마다 2시간씩 공부하는데 왜 실력이 늘지 않을까요?

성공하려면 어떻게 해야 해요? 능력이 중요하지요?

취직하기가 정말 어려운데요. 컴퓨터 하나만은 자신 있는데…

저 식당은 서비스가 아주 좋은데 왜 손님이 없는지 모르겠어요.

음식 조절을 해도 살이 잘 안 빠져요. 뭐 좋은 방법이 있을까요?

2시간만으로는 부족해요. 적어도 4시간쯤 공부해야 해요.

-는 수가 있다

02 다음 결과를 보고 문장을 완성하여 말하십시오.

상황	가능한 결과
1) TV를 가까이에서 본다.	눈이 나빠진다.
2) 급히 서두른다.	
3)	다른 사람들에게 신용이 떨어진다.
4)	배탈이 난다.
5) 기상 상태가 안 좋다.	

1) TV를 가까이에서 보면 눈이 나빠지는 수가 있어요.

2) 급히 서두르면

3)

4)

5)

과제 1 말하기

다음과 같이 잘못된 정보로 인해 피해를 볼 수 있습니다. 이야기해 보십시오.

- 모르는 길을 인터넷에서 찾아보고 갔는데 목적지가 나오지 않았다.
- 인터넷에서 알려준 방법대로 요리를 했는데 요리가 잘 안 됐다.
- 영화 관람평에서 아주 재미있다고 해서 그 영화를 보러 갔는데 재미가 없었다.
- 신문에 난 음식점이 음식을 잘 한다기에 찾아 갔더니 맛이 없었다.
- 책을 할인 판매한다는 광고지를 보고 책을 사러 갔는데, 이미 할인 기간이 지나 있었다.

저는 얼마 전 음악과 분위기가 좋은 찻집이 있다고 해서 인터넷에서 그 찻집 위치를 찾아 한번 가 보려고 했어요. 그런데 인터넷에 그려진 지도와 실제로 그 찻집의 위치가 달라서 그 동네에서 거의 두 시간이나 헤맨 적이 있어요. 결국 그 날은 찻집에 가지 못하고 그 다음 주에 친구에게 물어서 찾아갈 수 있었어요.

그러셨군요. 인터넷에 있는 **정보만으로는** 가끔 부족할 때가 있기 때문에 다른 방법으로 정보를 얻어야 할 때도 있어요. 그리고 인터넷에 있는 정보를 그대로 믿다 보면 잘못된 정보로 **고생하는 수가 있어요.** 그러니까 정보를 찾은 후에는 그것이 믿을 만한 정보인지 아닌지 꼭 확인해 봐야 합니다.

과제 2 듣고 말하기 [CD2:03]

01 여러분이 관심 있는 분야는 무엇입니까? 주로 무슨 정보를 찾습니까?

02 이야기를 듣고 질문에 대답하십시오.

1) 다음은 인터넷의 잘못된 건강 정보로 인해 피해를 본 사례입니다. 이야기와 서로 맞는 것을 골라 연결하십시오.

[가] • • 몸에 맞지 않는 건강보조식품을 잘못 먹었다.

[나] • • 운동을 해서 병을 고치려고 했는데 몸에 무리가 왔다.

[다] • • 피부에 맞지 않는 재료를 사용해서 부작용이 생겼다.

2) 잘 듣고 맞는 것에 ✔ 하십시오.

[가] ❶ 이 사람은 피부가 안 좋아져서 인터넷에서 관련 정보를 찾았다. ☐
❷ 이 사람은 2주일 이상 병원에서 치료를 받았지만 증상이 더 심해졌다. ☐

[나] ❶ 이 사람은 이웃사람이 파는 건강보조식품을 사 먹었다가 부작용이 생겼다. ☐
❷ 이 사람은 평소 어지럼증이 있었기 때문에 처음에는 약의 부작용을 심각하게 생각하지 않았다. ☐

[다] ❶ 이 사람은 인터넷에서 허리와 다리가 아픈 데 먹는 약을 구입했다. ☐
❷ 이 사람은 약보다 운동으로 병을 고치고 싶어했다. ☐

03 여러분은 잘못된 정보로 인해 피해를 본 적이 없습니까? 여러분의 경우를 이야기 해 보십시오.

02 드라마든 뉴스든 가리지 않고 봐요

학습 목표 ● 과제 TV의 영향에 관하여 읽고 토론하기 ● 어휘 방송 관련 어휘 ● 문법 -는 축에 들다, -든 -든

위의 그림은 텔레비전의 어떤 면을 이야기한 그림일까요?
여러분은 왜 텔레비전을 봅니까?

CD2:04~05

마리아 한국에 오신 지 한 2년 정도 됐지요? 한국말을 참 잘하시는데 비결이 뭐예요?

선배 내가 한국말을 잘 하는 축에 드나? 나한테는 텔레비전이 많이 도움이 돼. 나는 일단 집에 들어가면 텔레비전을 켜 놓거든.

마리아 특별히 즐겨보는 프로그램이라도 있어요?

선배 나는 드라마든 뉴스든 가리지 않는데 보통 다큐멘터리를 자주 봐. 다큐멘터리를 보면 유익한 정보도 얻을 수 있지.

마리아 텔레비전이 정보도 얻고 한국말 연습에도 도움이 되고 일석이조네요.

선배 그리고 나는 한국에서 혼자 사니까 외로울 때가 있는데 텔레비전이 좋은 친구가 되기도 해. 그러니 일석삼조가 되는 거지.

일단
다큐멘터리
유익하다
일석이조

어휘

01 다음은 텔레비전 방송국의 인터넷 화면입니다. 다음과 같은 것을 알고 싶을 때 무엇을 클릭할까요? 빈칸에 맞는 것을 찾아 쓰십시오.

1) 텔레비전에서 하는 게임이나 쇼 등에 대한 정보를 알고 싶다. (　　　)

2) 텔레비전에서 하는 다큐멘터리나 퀴즈, 시사 프로그램에 대해 알고 싶다. (　　　)

3) 하루 혹은 1주일 동안의 텔레비전 방송 프로그램 시간을 알고 싶다. (　　　)

4) 텔레비전 방송에 나왔던 음식점이나 여행지에 가 보고 싶다. (　　　)

02 다음은 어느 드라마의 홈페이지입니다. 빈칸에 맞는 것을 찾아 쓰십시오.

1) 앞으로 방송할 드라마의 내용을 대강 알고 싶다. ( )
2) 방송 시간이 지난 후에 방송을 보고 싶다. ( )
3) 이 드라마에 나오는 사람이 누구인지 알고 싶다. ( )
4) 이 드라마를 만든 사람이 누구인지 알고 싶다. ( )
5) 이 드라마를 만든 목적을 알고 싶다. ( )
6) 드라마를 본 후에 시청자로서 의견을 남기고 싶다. ( )

문법 연습

-는/은/ㄴ 축에 들다

01 다음 질문에 대답하고 아래와 같이 이야기해 보십시오.

가족 중에서	친구들 중에서	
1) 부지런합니까?	아니다	그렇다
2) 말이 많습니까?		
3) 공부를 잘 합니까?		
4) 운동을 많이 합니까?		
5) 여행을 많이 합니까?		

저희 가족들은 아주 부지런해요. 그래서 저희 가족 중에서는 제가 좀 게으른 축에 들어요. 하지만 친구들 중에서는 제가 부지런한 축에 들지요.

-든 -든

02 질문에 대답하십시오.

1) 가 : 기차표가 입석표밖에 없는데요.
   나 : **입석표든 좌석표든** 빨리 가는 걸로 주세요.
2) 가 : 뭘 먹을까요? 김치찌개가 좋으세요? 된장찌개가 좋으세요?
   나 : .... 다 괜찮아요.
3) 가 : 제가 한번 찾아뵈려고 하는데 언제가 좋으세요?
   나 : .... 언제든지 괜찮습니다.
4) 가 : 영수는 못 올 것 같은데 연락을 해야 해요?
   나 : .... 연락하세요.
5) 가 : 이번 휴일에는 뭘 할까요?
   나 : ....

YONSEI KOREAN 4

과제 1 말하기

다음은 1주일간의 TV 시청 시간을 조사한 표입니다. 여러분의 TV 시청 시간을 쓰고 반 친구들의 TV 시청 시간을 조사해 보십시오. 그리고 [보기]와 같이 이야기해 보십시오.

1주일 시청 시간	한국인	나	여러분	반 친구(1, 2, 3)
드라마 시청 시간	2시간	3시간 30분		
뉴스 시청 시간	5시간	10시간 30분		
오락 방송 시청 시간	2시간 30분	3시간 30분		
기타 시청 시간	1시간	2시간 30분		
전체 시청 시간	10시간 30분	20시간		

[보기]

저는 1주일에 보통 스무 시간 정도 텔레비전을 봅니다. 한국인 평균 시청 시간에 비하면 저는 텔레비전을 많이 **보는 축에 들어요**. 저는 특히 뉴스를 많이 봐요. 아침저녁으로 뉴스를 봐야 세상 소식도 알고 이야기거리도 생기거든요. 그리고 **드라마든 오락 방송이든** 인기있는 건 많이 봐요. 오락 방송은 주말 저녁에 가족과 함께 볼 수 있어서 좋아요. 요즘은 오락 방송에서 어려운 이웃을 도와 주는 모습을 보여 주기도 해서 가족과 함께 보기에 좋아요.

01 텔레비전은 사람들의 생활에 어떤 영향을 미칩니까?

02 다음 이야기를 읽고 질문에 답하십시오.

가) 텔레비전이 생긴 후 아이들이 텔레비전에서 떨어지지 않아 고민하는 부모들이 늘어났다. 최근 영국에서는 초등학교 3학년 학생과 가족들을 대상으로 텔레비전 치우기 실험을 했다. 2주일 간 각 가정의 텔레비전과 컴퓨터, 게임기를 모두 치운 후에 이것이 학생들의 가정생활과 수업 태도에 어떤 영향을 미치는지 알아보는 실험이었다. 취재팀은 실험 가정에 가서 텔레비전과 컴퓨터, 게임기를 모두 가져오고 그 변화를 알 수 있도록 카메라를 설치했다. 그리고 아이들의 교실에도 카메라를 설치했다. 텔레비전이 사라진 후 가장 큰 변화는 무엇이었을까?

1) 위에서 말하는 방송의 실험에 대해 설명하십시오.

실험 대상	영국의 초등학교 3학년 학생과 가족
실험 방법	각 가정의 ...., ..., ...을/를 모두 치운다.
실험 목적	
실험 기간	2주일 간

2) 텔레비전이 사라진 후 어떤 변화가 생길까요? 이야기해 보십시오.

	그렇다	아니다
❶ TV가 사라진 후 부모의 일이 늘어날 것이다.	☐	☐
❷ 아이들이 공부를 열심히 할 것이다.	☐	☐
❸ 아이들은 TV가 없는 것에 적응하지 못할 것이다.	☐	☐

나) 텔레비전이 사라진 후에 부모의 일이 늘었다. 부모들은 아이들과 놀아 주느라고 바빠졌다. 그래서 자신들이 지금까지 텔레비전에 아이를 맡겨 왔다는 것을 알게 되었다. 텔레비전이 아이에게 나쁘다고 불평하면서도 아이들을 텔레비전 쪽으로 가도록 만든 것은 부모들이었다.

어른들의 예상과 달리 아이들은 텔레비전 없는 생활에 잘 적응했다. 형제들과 어울려 놀고 텔레비전 없이도 쉽게 잠드는 아이들의 모습은 부모들과 비교가 되었다. 부모들은 침대 밑에 노트북 컴퓨터를 숨겨 두고 아이들 몰래 축구 중계방송을 보기도 했다.

2주일의 실험이 끝난 후 텔레비전이 다시 설치되고 아이들도 다시 보기 시작했지만 놀라운 변화가 일어났다.

3) 위 실험에서 부모들은 무엇을 알게 되었습니까?

....

4) 어른과 아이들의 텔레비전 없는 생활을 비교하십시오.

어른들은 ....

아이들은 ....

5) TV가 다시 설치되었을 때 아이들의 일상생활에 어떤 변화가 일어났을까요? 이야기해 보십시오.

다) 실험이 끝난 후 조사를 해 보니 아이들의 텔레비전 시청 시간은 실험 전에 비해서 50%나 줄었다. 아이들은 텔레비전 없이 지낸 2주 동안 새로운 경험을 한 것이다. 텔레비전을 치우면 일상생활이 변하고 아이들이 학교생활도 더 즐기게 될 거라는 생각에서 시작한 이 실험은 부모들에게 생각할 거리를 남긴다.

6) 실험이 끝난 후 아이들의 텔레비전 시청 시간은 전에 비해서 ....

늘었다 □

줄었다 □

03 만약 여러분이 2주일 동안 텔레비전 없이 산다면 여러분의 생활은 어떻게 변할까요? 이야기해 보십시오.

03 마치 마주보고 대화하는 것처럼 느껴져요

학습 목표 ● 과제 인터넷에서 정보찾기 ● 어휘 인터넷 관련 어휘 ● 문법 마치 -는 것처럼, -는다고

위 인터넷 사이트에서 여러분이 아는 단어를 이야기해 보십시오.
여러분은 인터넷을 이용하여 무엇을 하십니까? 인터넷은 사람들의 생활에 어떤 영향을 미쳤을까요?

CD2:06~07

정희 얼마 안 있으면 연말연시인데 이럴 때는 가족이 더 그리워지겠어요.

마리아 아무래도 그렇지요. 그런데 저는 가족들하고 자주 영상채팅을 하다 보니 마치 마주보고 대화하는 것처럼 느껴져서 멀리 떨어져 산다는 기분이 별로 안 들어요.

정희 하긴 저도 동생이 유학 가 있을 때 자주 연락을 주고받았는데 오히려 같이 있을 때보다 더 가까워진 느낌이 들었어요. 그런데 마리아 씨, 요즘 인터넷 강의도 듣는다면서요?

마리아 네, 한국에 있을 때 하나라도 더 배우려고 듣기 시작했는데 생각보다 힘드네요.

정희 고생 끝에 낙이 온다고 분명히 좋은 결과를 얻을 거예요. 인터넷이 없었더라면 어떻게 할 뻔했어요?

마리아 저만큼 인터넷의 덕을 보는 사람도 없을 거예요.

연말연시
그립다
영상채팅
마주보다
고생 끝에 낙이 온다
덕을 보다

어휘

검색 접속 게시판 네티즌 사이트 블로그 인터넷뱅킹

01 빈칸에 설명에 맞는 어휘를 쓰십시오.

…………	…………	…………	…………
인터넷에 들어가다.	인터넷으로 자료를 찾는 것.	인터넷에서 정보를 올리거나 물어볼 수 있게 만든 곳.	자유롭게 자신의 글과 사진, 동영상 등을 올릴 수 있는 웹사이트.
인터넷에 ~하다	통합~, 실시간~	~에 글을 올리다	개인~

02 빈칸에 알맞은 어휘를 쓰십시오.

은행에 다니는 이 모 씨는 오전 8시 20분쯤 회사에 도착하면 가장 먼저 하는 일이 컴퓨터를 켜는 일이다. 그리고 이메일을 열어 업무 자료를 확인한다. 근무 시간에 사람들과 얘기를 하기보다는 메일이나 메신저로 업무 내용을 서로 확인한다.

점심시간에는 밥을 먹고 들어와 쉬는 시간에 자신의 **블로그** 에 들어가 다녀간 방문자가 있는지 확인한다. 주가를 알아보거나 뉴스를 읽을 때도 인터넷에 자주 ………… 한다. 가끔 공과금 납부나 송금, 외화 환전도 ………… 을/를 이용한다. 이런 식으로 퇴근할 때까지 직장에서 인터넷을 쓰는 시간을 모두 합치면 하루에 두 시간 반 정도 된다. 회식 등 특별한 모임이 없이 집으로 일찍 들어가는 날에도 온라인쇼핑을 즐기는 아내와 함께 쇼핑몰에 들어가 물건들을 보기도 하고 게임 ………… 에 들어가 정신없이 게임을 하기도 한다. 자신의 블로그에 글이나 사진을 남기는 일도 한다. 또 자신이 관심 있는 분야의 사이트나 홈페이지에 들어가 자신의 의견을 ………… 에 올리기도 한다.

문법 연습

마치 -는/은/을 것처럼

01 알맞은 표현을 골라 이야기해 보십시오.

하늘을 날다	영화 속의 주인공이 되다	한 폭의 동양화를 보다
새가 날아오르다	오래 전부터 알고 지내오다	

1) 그 분은 처음 만났을 때도 마치 .... 는/은/을 것처럼 편했습니다.

2) 합격소식을 듣고 마치 .... 는/은/을 것처럼 기뻤습니다.

3) 이른 아침 눈 덮인 산의 경치는 .... 는/은/을 것처럼 아름다웠어요.

4) 그 발레리나는 그 장면에서 .... 는/은/을 것처럼 가볍게 날아올랐어요.

5) 남자친구가 생일에 장미꽃 100송이를 선물했을 때는 마치 내가 .... 는/은/을 것처럼 기뻤어요.

-는다고/ㄴ다고/다고

02 1) 다음은 한국 속담입니다. 속담의 설명으로 맞는 것과 연결하십시오.

❶ 고생 끝에 낙이 온다.	• 어떤 일을 하려고 계획하고 갔는데 그날 그 일을 할 수 없었다.
❷ 가는 말이 고와야 오는 말이 곱다.	• 괴롭고 힘든 일을 겪은 후에 반드시 좋은 일이 있다.
❸ 가는 날이 장날이다.	• 소문이 아주 빠르게 퍼진다.
❹ 윗물이 맑아야 아랫물이 맑다.	• 내가 먼저 좋게 말해야 다른 사람도 그렇게 한다.
❺ 발 없는 말이 천리 간다.	• 윗사람이 행동을 잘 해야 아랫사람도 잘 한다.

2) 다음 대화에 알맞은 속담을 쓰십시오.

❶ 가 : 공부가 너무 힘들어서 그만두고 싶어요.
나 : 그래도 ....는다고/ㄴ다고/다고 포기하지 말고 열심히 하세요.

❷ 가 : 어제 놀이공원 가신다고 했지요? 재미있게 지내셨어요?
나 : ....는다고/ㄴ다고/다고 어제 갔더니 쉬는 날이잖아요.

❸ 가 : 옆 집 아이의 아빠가 술 마시고 자주 싸우더니 그 아들도 그러는군요.
나 : ....는다고/ㄴ다고/다고 어른이 행동을 바르게 해야 아이들도 제대로 하지요.

❹ 가 : 그 친구에 대한 얘기를 한 사람에게만 했는데 벌써 여러 사람이 알고 있던데요. 그래서 제 입장이 좀 곤란해졌어요.
나 : ....는다고/ㄴ다고/다고 항상 말을 조심해야지요. 말은 한번 퍼지기 시작하면 아주 빠르거든요.

❺ 가 : 어제 아르바이트하다가 손님하고 싸우게 됐어요. 아무리 손님이지만 저를 보자마자 반말을 하잖아요.
나 : ....는다고/ㄴ다고/다고 먼저 말을 그렇게 하면 안 되지요.

과제 1 말하기

다음 기사와 관계 있는 속담을 써서 [보기]와 같이 이야기해 보십시오.

몇 년 간 계속 돈을 훔치던 종업원 구속

자신이 일하던 식당에서 3년 동안 거의 매일 몇 만원씩 훔쳐 온 이 모씨가 경찰에 붙잡혔다. 경찰은 이 모씨가 그동안 훔친 돈이 4500만 원 정도라고 했다. 식당 주인은 아들처럼 잘해 주었는데 그런 일을 하다니 너무 허탈하다고 말했다.

속담 : **꼬리가 길면 밟힌다.**

고층 빌딩 화재 대책 세워야

어제 고층 빌딩의 대형 화재를 계기로 정부에서는 10층 이상의 빌딩을 상대로 화재 대비 대책을 세우고 소방 훈련을 다시 하라고 각 시 · 도에 전달했다.

속담 :

유명 연예인 A씨와 B씨의 결혼설 사실로 밝혀져

처음에는 마치 친구사이인 것처럼 인터뷰 했는데 두 사람이 친구 사이 이상이며 결혼할 것이라는 소문이 계속 났었다. 결국 이번 주 초에 예식장을 예약한 것으로 드러났다.

속담 :

[보기]

가 : 몇 년 동안 자기가 일하던 식당에서 돈을 훔쳐 왔던 종업원이 잡혔대요.

나 : 그래요? **꼬리가 길면 밟힌다고** 오랫동안 나쁜 일을 하면 꼭 잡히게 되지요.

가 : 맞아요. 그런데 안타까운 건 식당 주인 아주머니가 그 종업원을 **마치 아들처럼** 잘 대해 줬는데 그런 일을 했다는 거예요.

나 : 주인이 정말 허탈하겠네요.

과제 2 읽고 말하기

01 여러분은 다음과 같은 경우에 어느 홈페이지에서 정보를 찾겠습니까? 관계 있는 것과 연결하십시오.

❶ 물건을 잃어버렸습니다.
아이를 잃어버렸습니다.

❷ 하루, 주간, 한 달의 날씨를
알고 싶습니다.

❸ 기차표를 예매하거나 지방에
있는 특산물을 사고 싶습니다.

❹ 서울시의 문화행사나 전시회에
대해 알고 싶습니다.

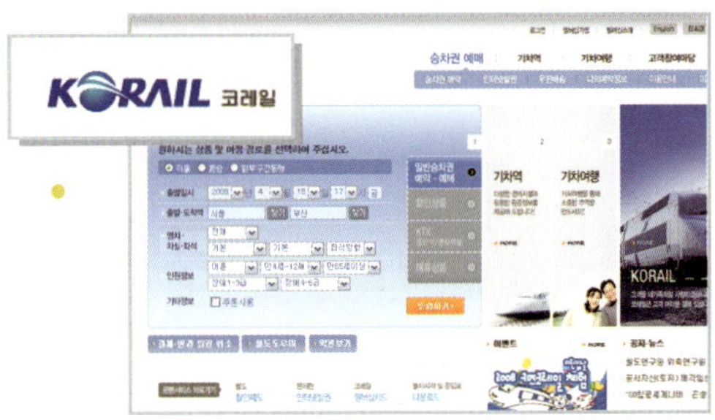

02 다음은 서울시 홈페이지입니다. 어디를 찾아야 할까요? 그리고 여러분은 무엇을 찾고 싶습니까?

1) 오늘의 서울시 문화행사를 알고 싶다.

생활정보

2) 서울 시내의 버스 노선을 알고 싶다.

....

3) 서울 생활에서의 어려움을 상담하고 싶다.

....

4) 서울 남산에 대해 알고 싶다.

....

5) ....

....

03 다음은 서울시 문화행사 정보를 찾은 홈페이지 화면입니다. 여러분도 원하는 정보를 찾은 후 [보기]와 같이 이야기해 보십시오.

[보기]

서울시 홈페이지에 들어가 이달의 문화행사를 찾아보았습니다. 저는 이번 달 문화행사 중 서울 역사 박물관에서 하는 수요 영화 감상회에 갈까 합니다. 혹시 여러분 중에 같이 가실 분 안 계세요? 영화 감상도 무료로 할 수 있고, 박물관도 구경할 수 있어서 좋을 것 같습니다. 박물관에 가면 서울의 역사도 자세히 알 수 있을 것 같고요.

04 신문을 읽으면 상식이 풍부해져요

학습 목표 ● 과제 신문의 기능 토론하기 ● 어휘 신문 관련 어휘 ● 문법 -는가 하면, -는 게 틀림없다

여러분은 어떤 신문을 자주 봅니까?
여러분은 신문을 통해서 무엇을 얻습니까?

CD2:08~09

영수 신문에 재미있는 기사라도 났어요? 아까부터 뭘 그렇게 열심히 봐요?

리에 미래학자 앨빈 토플러에 대한 기사가 났는데 그 사람은 아침 일과를 여러 종류의 신문을 읽는 것으로 시작한대요.

영수 저같이 신문을 거의 안 보는 사람이 있는가 하면 그런 사람도 있군요.

리에 요즘 젊은 세대들은 신문을 많이 안 읽는대요. 신문을 읽으면 정보도 얻을 수 있고 상식도 풍부해져서 좋을 텐데요. 저는 신문을 안 보면 하루 일과 중에서 뭔가 빠뜨린 것 같아요.

영수 그래서 리에 씨가 상식이 풍부하군요. 리에 씨는 호기심이 많은 사람인 게 틀림없어요.

리에 맞아요. 저는 하루라도 신문을 안 보면 무슨 일이 일어났는지 아주 궁금해요.

일과
빠뜨리다
상식
일어나다

어휘

란(난)	면	만평	사설	칼럼	독자투고	머리기사	인사동정

01 다음 어휘의 설명으로 맞는 것과 연결하십시오.

1) 머리기사 •	• 신문이나 책 등의 각 쪽을 세는 단위.
2) 면 •	• 신문, 잡지 등에서 첫머리에 싣는 중요한 기사.
3) 독자투고 •	• 신문이나 잡지를 읽는 사람이 원고를 보냄.
4) 란(난) •	• 책, 신문, 잡지 등에 글이나 그림 등을 싣는 자리.
5) 사설 •	• 신문사나 잡지사의 주장이나 의견을 써 놓은 글.
6) 만평 •	• 사회적 지위가 높거나 활동이 많은 사람의 움직임
7) 인사동정 •	• 인물이나 사회를 비평하는 만화 그림.
8) 칼럼 •	• 신문이나 잡지에서 시사, 사회, 풍속 등에 대해 짧게 평하는 기사, 또는 그 난.

02 빈칸에 알맞은 어휘를 쓰십시오.

우리 가족은 신문을 열심히 보는 편이다. 그런데 우리는 신문을 보는 습관이 다 다르다. 나는 제일 먼저 **문화면** 을/~~를~~ 본다. 그 달의 공연이나 영화에 대한 정보를 얻을 수 있기 때문이다.

증권회사에 다니는 오빠는 제일 먼저 경제 ………… 을/를 보고 ………… 을/를 본다. ………… 은/는 사회적으로 이슈가 되는 이야기 거리를 만화로 보여주는 것이다.

아버지는 제일 먼저 1면의 주요 ………… 을/를 보고 내용을 훑어보신다. 그 다음으로 사회적인 문제에 대해 신문사의 입장을 써 놓은 ………… 을/를 읽으시는데 나는 내용이 딱딱하고 이해하기 힘들 때도 있어서 별로 좋아하지 않는다.

어머니가 즐겨 읽으시는 곳은 ………… 란이다. 여기에는 사회적으로 이름이 있는 사람들의 소식이 실린다. 어머니는 신문을 읽고 잘못된 점이 있거나 앞으로 바라는 이야기가 있으면 가끔 신문사에 투고를 하신다. 어머니가 보낸 글이 ………… 란에 실리면 아주 기뻐하신다.

문법 연습

-는가/은가/ㄴ가 하면

01 다음과 같이 대화를 만드십시오.

저는 단어 외우기가 힘든데 학생들은 한국어 공부를 할 때 뭘 힘들어해요?

학생들은 방학이 되면 아르바이트를 많이 하나요?

요즘 사람들은 어디서 정보를 얻나요?

커피를 마시는 방법도 사람에 따라 다른 것 같아요.

회사원들은 휴가 때 보통 뭘 하지요? 모두 여행을 가요?

문법 때문에 힘들어 하는 학생이 있는가 하면 발음을 어려워하는 학생도 있어요.

-는/은/을 게 틀림없다

02 다음 그림을 보고 이야기해 보십시오.

저 학생이 신문을 열심히 읽고 있는 걸 보니 신문기사 발표 준비를 하는 게 틀림없어요.

과제 1 말하기

여러분은 인터넷 신문과 종이 신문 중 어느 것을 많이 봅니까? 인터넷 신문 때문에 종이 신문이 없어질까요? [보기]와 같이 이야기해 보십시오.

	왜?
종이 신문은 없어지지 않는다.	• 종이 신문의 장점이 있다. – 많은 사건을 한 번에 훑어 볼 수 있다. – – –
종이 신문은 없어진다.	• 종이 신문을 보는 사람이 점점 줄고 있다. – 종이 신문은 돈을 주고 사야 하지만 인터넷 신문은 무료다. – 인터넷 신문은 실시간 뉴스를 볼 수 있다. – –

[보기]

가 : 저는 앞으로 종이 신문이 점점 **사라질 게 틀림없다**고 생각해요.

나 : 왜 그렇게 생각하세요? 전 안 그렇다고 생각하는데요.

가 : 우리 집만 해도 저와 제 동생은 인터넷으로 뉴스를 봐요. 인터넷을 통해서 뉴스를 더 빨리 알 수 있는데 왜 종이 신문을 보겠습니까?

나 : 하지만 인터넷으로 뉴스를 보려면 언제나 컴퓨터가 가까이에 있어야 하잖아요. 종이 신문은 언제 어디서나 쉽게 볼 수 있으니까 오히려 더 편리한데요.

과제 2 읽고 말하기

01 여러분은 왜 신문을 봅니까?
신문을 볼 때 무엇을 가장 먼저 봅니까? 왜 그것을 가장 먼저 봅니까?

- ☐ 기사 ☐ 인사동정 ☐ 사설 ☐ 만평
- ☐ 독자투고 ☐ 칼럼 ☐ 텔레비전 프로그램

02 다음은 신문의 기능에 대한 글입니다. 읽고 질문에 답하십시오.

신문은 보도 기능, 지도 기능, 오락 기능, 광고 기능의 네 가지 기능을 가지고 있다. 보도 기능이란 독자들에게 정치, 기후, 사고, 전쟁, 교육 등 사회에서 일어나는 사건들에 대한 정보를 객관적으로 보도하는 것을 말하는 것으로서 신문의 가장 중요한 기능이다.

둘째, 지도 기능이란 독자를 설득하고 가르쳐서 올바른 태도나 행동을 하도록 하는 신문의 기능을 말한다. 즉 지도 기능이란 신문사에서 독자에게 의견을 제시하는 것으로서 여기에는 사설, 논설, 시사만평 등이 포함된다.

셋째, 오락 기능이란 독자들에게 즐거움을 주는 기능을 말한다. 예를 들어 만화, 소설, 스포츠나 연예, 혹은 취미 관계 등의 기사가 이러한 오락적 목적으로 사용된다.

넷째, 광고 기능이란 독자들에게 상품 및 시장에 대한 정보를 제공해 주고 또한 기업인들은 그들의 상품을 일반 사람들에게 알려 주도록 돕는 것을 말한다.

미국의 주요 신문의 지면에서 이 네 가지 기능이 차지하는 비중을 조사한 결과 보도 기능이 20%, 지도 기능이 4%, 오락 기능이 16%, 그리고 광고 기능이 60%를 차지하고 있었다고 한다. 우리나라 경우에는 대체로 일간신문의 경우 보도 기능이 35%, 지도 기능이 4%, 오락 기능이 21%, 그리고 광고 기능이 40% 정도를 차지하고 있다.

1) 글의 내용을 아래의 표에 요약해 보십시오.

신문의 기능	무엇인가?	정보의 예
보도 기능	사회에서 일어난 사건에 대해 알려주는 기능	정치, 기후, 사고, 전쟁, 교육에 관한 기사
광고 기능		

2) 신문에서 위 네 가지 기능이 차지하는 비중을 빈칸에 써 보십시오.
그리고 이것에 대해 이야기해 보십시오.

	보도기능	지도기능	오락기능	광고기능
한국	35%			
미국			16%	

03 여러분은 신문의 기능 중에서 무엇이 가장 중요하다고 생각합니까? 신문은 앞으로 어떤 기능이 많아질 것 같습니까? 이야기해 보십시오.

05 정리해 봅시다

• 어휘

01 빈칸에 알맞은 어휘를 쓰십시오.

상식	신뢰	일과	빠뜨리다

....	....	....	....
일 시간 계획 하루	믿음 친구 신용 우정 불신	보통 생활 신문 정보 백과사전	물건 흘리다 떨어뜨리다 잃어버리다

02 빈칸에 알맞은 어휘를 쓰십시오.

꽤	일단	얻다	일어나다	잘못하면	빠뜨리다	상식	유익하다

1) 3년 전에 .... 는/은/ㄴ 사건이 아직도 해결되지 않았다.
2) 나는 신문을 읽으면 하나도 .... 지 않고 다 읽는다.
3) 영수는 책을 많이 읽어서 그런지 .... 이/가 풍부하다.
4) 집에 들어가면 .... 컴퓨터부터 켜는 사람들이 많아졌다.
5) 그 친구와 나는 같은 반은 아니었지만 학교 때 .... 친했다.
6) 그 제품은 사용하기 전에 사용설명서를 잘 읽어 봐야 한다. 그렇지 않은 경우 .... 문제가 생길 수 있다.
7) 교육방송에는 학습에 도움이 되는 .... 는/은/ㄴ 내용이 많다.
8) 요즘은 인터넷을 통해 .... 을/ㄹ 수 있는 정보가 많다.

• 문법

다음 상황에 맞게 대화를 완성하십시오.

미선이는 텔레비전의 단점에 대해서, 영수는 장점에 대해서 이야기하고 있다.

미선 : 너는 텔레비전을 많이 보는 것 같아. 하루에 서너 시간은 꼭 텔레비전을 보지?

영수 : ________________ 는/은/ㄴ 축에 드니? 나보다 텔레비전을 많이 보는 사람이 더 많은걸.

미선 : 텔레비전을 너무 많이 보면 ________________ 는 수가 있어.

영수 : 그런 면이 없지는 않지만 텔레비전은 책이나 신문과는 또 다른 면이 있어. 텔레비전에서 외국을 소개하는 걸 보면 마치 ________________ 는/은/ㄴ 것처럼 실감이 나거든.

미선이와 영수는 인터넷의 사용에 대해 이야기하고 있다.

영수 : ________________ 는다고/ㄴ다고/다고 뉴스나 소문은 정말 빨리 퍼지는 것 같아. 특히 인터넷에 뉴스가 나오고 댓글이 올라오는 속도를 보면 정말 놀라워.

미선 : 그리고 정보의 양도 많아져서 이렇게 가다가는 나중에 ________ 을/ㄹ 게 틀림없어.

영수 : 그래. 이제는 정보가 너무 넘쳐서 그 정보를 제대로 선별하기가 힘들지. 그래서 정보를 선별해 주는 직업이 생길지도 모르겠다.

미선 : 게다가 일부 사람들은 ________ 든 ________ 든 무조건 들은 정보를 그대로 인터넷에 올려서 잘못된 정보가 마치 사실인 듯 보일 때도 있으니 문제야.

영수 : 그래. 그건 심각한 문제지. 이제 인터넷이라는 기술을 어떻게 이용하느냐는 각자의 책임이라고 생각해. 인터넷을 ________________ 는가/은가/ㄴ가 하면 ________________ .

• 읽고 말하기

01 다음은 한국인의 인터넷 이용에 대한 글입니다. 읽고 질문에 답하십시오.

[가] 한국인의 인터넷 이용에 대해 조사를 한 결과, 하루 평균 이용 시간은 1~3시간 미만이 46.7%로 가장 많았다. 그리고 3~5시간은 13.9%인 것으로 나타났다.

[나] 이제 한국인에게 인터넷은 없어서는 안 될 필수적인 것이 되었다. 다른 사람과의 커뮤니케이션 수단일 뿐만 아니라 정보를 검색하고, 쇼핑, 교육, 오락, 그 외에 ㉠ **자신의 생각을 표현하는 창구의 역할**을 한다. 인터넷을 사용하지 않는 곳이 없을 정도이다. 그러나 인터넷이 이러한 좋은 점만 가져온 것은 아니다. 인터넷 사용이 많아지면서 여러 가지 문제도 일어나고 있다. 예를 들면 해킹 등으로 개인정보가 유출되는 사이버 범죄가 생길 수 있다.

[다] 또한 한국인의 인터넷 사용률을 연령별로 살펴보면 15~29세(98%), 30~34세(96%), 35~39세(91%), 40~44세(82%), 45~49세(73%), 50세 이상 (39%) 등의 순으로 나타났다. 15~34세 연령대는 거의 100%에 가까운 사용률을 보이고 있는 점이 눈에 띈다.

[라] 또 한국은 전 세계에서 인터넷 보유율과 사용률이 가장 높은 국가인 것으로 나타났다. 이 자료에 따르면 한국인의 88%가 가정에 컴퓨터를 가지고 있으며, 한국인의 80% 이상이 조사 직전 1주일 동안 인터넷에 접속한 것으로 나타났다고 한다. 인터넷 접속자의 비율이 가장 높은 국가는 한국(80%), 뉴질랜드(66%), 호주(65%), 영국(60%) 및 미국(59%) 등의 순이었다. 한국인의 일상적인 인터넷 접속률이 다른 나라에 비해 높은 것을 알 수 있다.

1) 위의 글은 하나의 신문기사입니다. 글의 내용에 맞게 순서대로 쓰십시오.

(가) - (라) - (　　) - (　　)

2) 다음 내용과 관계가 있는 것을 찾아 연결하십시오.

❶ 한국의 인터넷 보유율과 사용률 조사 •	• [나]
❷ 연령에 따른 인터넷 사용률 •	• [다]
❸ 인터넷의 기능 •	• [라]

3) 위의 내용과 같은 것에 모두 ✔ 하십시오

❶ 한국 사람 중에는 하루 평균 1~3시간정도 인터넷을 이용하는 사람들이 가장 많다. ☐

❷ 한국은 인터넷 보유율과 사용률이 높다고 말할 수 없다. ☐

❸ 한국에서 15세부터 34세의 사람들은 거의 100% 인터넷을 사용한다. ☐

❹ 한국인에게 인터넷은 불필요한 것이다. ☐

4) ㉠ **자신의 생각을 표현하는 창구의 역할**과 관계 없는 것은 무엇입니까? (　　)

❶ 시청자 게시판에 의견을 올린다.

❷ 서울시 홈페이지 토론방에 자신의 의견을 올린다.

❸ 자신의 블로그에 여행기를 올린다.

❹ 외국 도서관에 들어가 책을 찾는다.

02 1) 한국 사람들이 생각하는 인터넷의 기능은 무엇입니까? 모두 ✓ 하십시오

- [ ] 의사소통 수단
- [ ] 쇼핑
- [ ] 오락
- [ ] 교육
- [ ] 자신의 표현
- [ ] 정보검색
- [ ] 개인감시

❶ 위 글에서 한국 사람들은 인터넷을 어떻게 이용하고 있습니까?

❷ 여러분은 인터넷을 어떻게 이용하고 있습니까?

2) 글 [나]에서는 인터넷으로 인해 어떤 문제가 있다고 했습니까?

3) 그 외에 인터넷 사용이 많아지면서 생길 수 있는 문제는 무엇이 있겠습니까? 이야기해 보십시오.

문화

인터넷 예절

인터넷을 이용하면서 악의적인 댓글이나 유언비어, 또는 스팸 메일 등에 의한 피해를 누구나 한번쯤은 겪어보았을 것입니다. 그래서 다음과 같은 인터넷 예절에 대해 소개하려고 합니다. 여러분의 의견도 이야기해 보십시오.

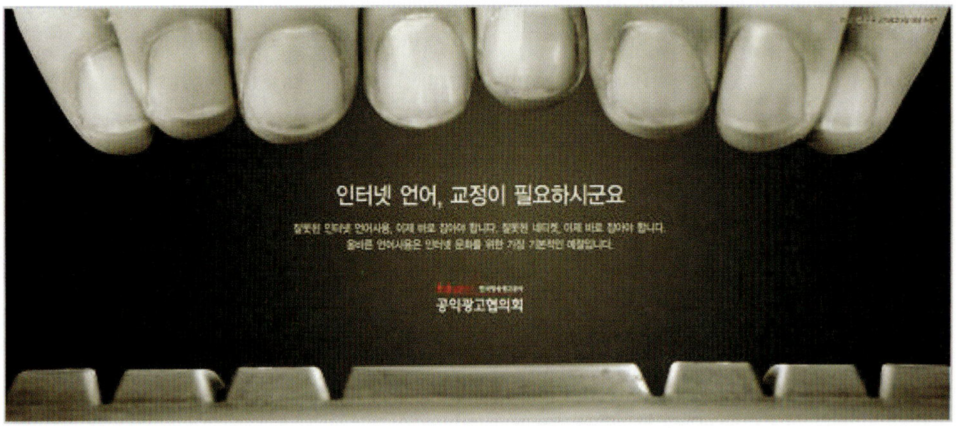

1. 게시판 예절
   1) 게시판의 글은 명확하고 간결하게 쓴다.
   2) 게시판의 내용을 잘 설명할 수 있는 알맞은 제목을 붙인다.
   3) 문법에 맞는 표현과 올바른 맞춤법을 사용한다.
   4) 다른 사람이 올린 글에 대해 지나친 반박은 하지 않는다.
   5) 사실이 아닌 내용을 올리지 않는다.
   6) 자기의 생각을 고집함으로써 상대방에게 불쾌감을 주지 않도록 배려한다.

2. 대화방 예절

1) 다른 사람의 ID로 접속하여 대화하지 않는다.
2) 자기 자신을 먼저 소개한 후 대화에 참여한다.
3) 진행 중인 대화의 분위기를 파악한 후 대화에 참여한다.
4) 대화방에서는 모두에게 "님자"를 붙이고 존댓말을 사용한다.
5) 다른 사람에게 욕설이나 비난하는 말은 하지 않는다.
6) 같은 내용의 말을 한꺼번에 계속 반복해서 사용하지 않는다.
7) 초보자가 들어올 경우 천천히 기다려 주며 친절하게 가르쳐 준다.
8) 대화방에서 나올 때에는 반드시 인사를 하고 나온다.
9) 항상 마주보고 이야기하는 마음으로 대화한다.
10) 만나고 헤어질 때에는 인사를 한다.
11) 대화를 입력하기 전에 한 번 더 생각한다.
12) 광고, 홍보 등 이름 알리기를 목적으로 악용하지 않는다.

1. 인터넷 상에서 여러분이 경험한 이야기를 해 보십시오.

2. 이외에 어떤 인터넷 예절이 더 필요할까요?

문법 설명

01 만으로는

단독 보조사 '만'에 '으로'가 붙은 복합 조사이다. 명사 혹은 명사구에 붙어서 쓴다. '겨우 그 정도로는', '다른 것 없이 그것만 가지고는'의 뜻으로 뒤에 '부족하다', '가능하지 않다'는 의미의 표현들이 온다.

- 이것만으로는 부족합니다.
- 외모만으로 사람을 평가하지 마세요.
- 학교 공부만으로 부족해서 학교 수업 후 학원에 다녀요.
- 자신감만으로는 그 일을 하기가 어려울 거예요.
- 이 일은 몇 사람의 노력만으로는 해결하기 힘들어요.

02 -는 수가 있다

가끔 특별한 경우에 생길 수 있는 가능성을 나타낼 때 쓴다.

- 기상 상태가 나쁘면 연착이 되는 수가 있어요.
- 당황하면 아는 것도 대답 못하는 수가 있어요.
- 그렇게 공부를 안 하다가는 낙제하는 수가 있으니 공부 좀 해라.
- 늦게 가면 공연장에 못 들어가는 수가 있어요.
- 믿는 도끼에 발등 찍히는 수가 있어요.

03 축에 들다, 는/은/ㄴ 축에 들다

'축에 들다'는 그 부류에 든다는 뜻이다. 동작동사 뒤에는 '-는 축에 들다', 상태동사 뒤에는 '-은/ㄴ 축에 들다'가 쓰인다.

- 그 정도로 부자 축에 드나요?
- 제가 어디 멋쟁이 축에 드나요? 멋있는 사람이 얼마나 많은데요.
- 그 정도로 잘 하는 축에 드나요? 요즘은 노래 잘 하는 사람이 정말 많던데요.
- 제가 많이 하는 축에 드나요? 영수는 하루에 8시간 공부한대요.
- 이게 좋은 축에 드나요? 더 좋은 물건이 많잖아요.

04 -든 -든

'-든지 -든지'의 줄인 말로 두 개 이상의 예를 들어 무엇이나 가리지 않고 선택한다는 뜻이다.

- 먹든 말든 네 마음대로 해라.
- 참석하든 안 하든 회비를 내야 돼요.
- 비빔밥이든 냉면이든 아무 거나 먹자.
- 신문이든 잡지든 뭐 볼거리 없어요?
- 과장이든 부장이든 이 일에 대한 책임을 져야 한다고 생각한다.

05 마치 -는/은/을 것처럼

어떤 것을 다른 것에 비유하여 말할 때 쓰며 '거의 비슷하게'의 뜻을 나타 낸다. '마치' 뒤에는 '처럼'이나 '같이', '같다' 등이 함께 쓰인다.

- 마이클 씨는 발음이 좋아서 마치 한국 사람이 말하는 것처럼 자연스럽게 말해요.
- 그 사람은 마치 웅변을 하는 것처럼 자신의 의견을 강력하게 주장했다.
- 언니를 보면 마치 젊었을 때의 엄마를 보는 것처럼 엄마를 많이 닮았어요.
- 두 형제가 만나는 모습이 너무 슬퍼서 마치 영화의 한 장면을 보고 있는 것처럼 느껴졌어요.
- 우리 할머니는 마치 어린아이 피부처럼 피부가 고와요.

06 -는다고/ㄴ다고/다고, 이라고/라고

다른 사람의 말이나 속담, 사자성어 등을 인용해서 말할 때 쓴다. 동작동사 뒤에는 '-는다고', 상태동사 뒤에는 '-다고', 명사 뒤에는 '이라고' 또는 '라고'로 쓰인다.

- 선생님 말씀대로 지각은 습관이 된다고 점점 지각이 많아져요.
- 낮말은 새가 듣고 밤말은 쥐가 듣는다고 말조심해야 해요.
- 고생 끝에 낙이 온다고 조금만 참고 견디면 틀림없이 좋은 결과가 나올 거예요.
- 금강산도 식후경이라고 밥부터 먹을까요?
- 소문만복래라고 웃으면서 살면 좋지요.

07 -는가/은가/ㄴ가 하면

동사에 붙어 쓰이며, 선행문과 후행문의 내용이 상대적이거나 또는 선행문의 내용에 후행문의 사실을 덧붙여서 말할 때 쓴다.

- 발음이 어렵다고 하는 사람이 있는가 하면 문법이 어렵다고 하는 사람이 있어요.
- 열심히 공부하는 학생이 있는가 하면 열심히 공부하지 않는 학생이 있어요.
- 이 세상에는 나쁜 사람이 있는가 하면 반대로 착하게 살아가는 사람도 있어요.
- 그 사람은 가끔 자기 자랑을 하는가 하면 자기의 무능력을 탓하기도 해요.
- 김 과장은 능력이 있는가 하면 대인관계도 좋아서 회사에서 인기가 있어요.

08 -는/은/을 게 틀림없다

'-인 것이 분명하다', '틀림없이 그렇다'의 의미로 쓰인다.

- 많이 놀면서도 공부를 잘 하는 걸 보면 똑똑한 아이인 게 틀림없어요.
- 그 사람 행동을 보면 이건 거짓 정보인 게 틀림없어요.
- 표정이 어두운 걸 보면 무슨 걱정거리가 있는 게 틀림없어요.
- 아직도 안 오는 걸 보면 무슨 일이 생긴 게 틀림없는 것 같아요.
- 그 책이 나온 지 200년 이상이 됐는데 오늘날까지 많은 사람들에게 읽혀지는 걸 보면 명작인 게 틀림없는 것 같아요.

제7과 미신

01
제목 | 제가 축구 경기만 봤다 하면 져요
과제 | 추론하며 읽기
어휘 | 운명 관련 어휘
문법 | 따라, -을걸 그랬다

02
제목 | 이름을 빨간 색으로 쓰면 안 돼요?
과제 | 금기 소개하기
어휘 | 미신 관련 어휘
문법 | -는다더라, -네 -네 해도

03
제목 | 사주 카페에 한번 가 볼까요?
과제 | 예시 들어 글쓰기
어휘 | 일생 관련 어휘
문법 | -는 김에, 설마 -는 건 아니겠지요?

04
제목 | 오늘 좋은 꿈을 꿨어요
과제 | 꿈에 대한 글 읽고 정리하기
어휘 | 꿈 관련 어휘
문법 | 도 이지만, -는다면야

05
정리해 봅시다

- 문화
한국의 민간 신앙

01 제가 축구 경기만 봤다 하면 져요

학습 목표 ● 과제 추론하며 읽기 ● 어휘 운명 관련 어휘 ● 문법 따라, -을걸 그랬다

위 그림의 사람들은 어떤 징크스가 있는 것 같습니까?
여러분은 어떤 징크스가 있습니까?

CD2:10~11

영수 오늘 아침에 축구 중계방송 봤어요?

제임스 네, 그런데 한국 팀이 져서 너무 아쉬웠어요. 이번에 이겼으면 결승전에 나갈 수 있었는데…

영수 오늘은 정말 중요한 경기라서 저도 새벽부터 일어나서 열심히 응원했거든요. 우리 팀이 실력이 좋아서 이길 줄 알았어요.

제임스 나도 그럴 거라고 기대했는데 오늘은 보통 때보다 선수들이 훨씬 못 하는 것 같았어요. 그리고 오늘따라 부상 때문에 출전하지 못한 선수도 많았고요.

영수 이상하게 제가 축구 경기만 봤다 하면 그 경기는 져요. 오늘도 보지 말걸 그랬나 봐요. 그랬으면 누가 알아요? 우리가 이겼을지.

제임스 영수 씨가 축구 경기를 봐서 졌겠어요? 운이 나빴던 거죠.

중계방송
결승전
응원하다
부상
출전하다

어휘

복	운	불행	운수	재수	행운

01 빈칸에 알맞은 어휘를 쓰십시오.

1) □□ : 뜻밖의 ~, ~의 여신, ~의 주인공, ~을 빌다, ~이 오다
2) □□ : ~가 좋다, ~가 나쁘다, ~가 있다, ~가 없다
3) □ : ~이 좋다, ~이 나쁘다, ~이 없다, ~이 다하다, ~이 따르다
4) □ : ~을 타고나다, ~을 빌다, ~을 받다, ~이 오다, 자식~
5) □□ : ~가 좋다, ~가 나쁘다, ~가 대통하다, ~가 불길하다
6) □□ : ~중 다행, ~하다, ~이 찾아오다, ~이 닥치다

02 빈칸에 공통으로 들어갈 어휘를 쓰십시오.

1) 새해 **복** 많이 받으십시오.
   웃으면 **복** 이/~~가~~ 온다는 말이 있습니다.
2) 지난해 보살펴 주신 은혜에 깊이 감사드리며 새해를 맞이하여 ________ 이/가 함께 하시길 기원합니다.
   김 총장님과 여러분의 앞날에 ________ 이/가 가득하기를 빕니다.
3) 나로서는 할 수 있는 만큼 다 했다. 이제 ________ 은/는 하늘에 맡기겠다.
   영화가 성공하는 것은 노력이 50%이고 ________ 이/가 50%이다.
4) 오늘은 되는 일이 하나도 없다. 정말 ________ 이/가 없는 날이다.
   서양에서는 검은 고양이를 보면 하루 종일 ________ 이/가 없다고 한다.
5) 다행인지 ________ 인지 나는 어렸을 때부터 경제적으로 아주 어려웠기 때문에 이 정도의 실패는 나에게 아무 것도 아니다.
   이번 화재로 많은 재산을 잃었지만 온 가족이 다치지 않은 것은 정말 ________ 중 다행이었다.

문법 연습

따라

01 문장을 완성하여 이야기 해 보십시오.

1) 오늘은 아주 바쁜 날이었는데	오늘따라 차가 고장나서 더 고생했어요.
2) 지난 일요일에 오랜만에 영화를 보러 갔는데	그날따라
3) 오늘 아침에 중요한 회의가 있었는데	오늘 아침따라
4) 오늘은 아주 피곤한 날이었는데	
5) 지난 주말에 오랜만에 야외로 놀러 갔는데	

1) 오늘은 아주 바쁜 날이었는데 오늘따라 차가 고장나서 더 고생했어요.

2) 지난 일요일에 오랜만에 영화를 보러 갔는데

3)

4)

5)

-을/ㄹ걸 그랬다

02 여러분은 후회가 되는 일이 있습니까? 이야기해 보십시오.

내 인생에서 후회되는 일
1) 얼마 전에 회사를 옮겼다.
2) 좀 더 어릴 때 유학을 가지 않았다.
3) 고등학교 때 많이 놀고 공부를 하지 않았다.
4) 좋아한다고 말을 하지 않았다.
5) 적성에 맞는 직업을 선택하지 않고 출세만 생각했다.

회사를 옮긴 것이 후회가 돼요. 회사를 옮기지 말걸 그랬어요. 그랬으면 이렇게 과로로 병이 나지 않았을 텐데요.

과제 1 쓰기

오늘은 운이 나쁜 하루였습니다. 그림을 보고 일기를 써 보십시오.

2008년 6월 15일 맑음

오늘은 정말 운이 없는 하루였다. 오늘 시험이 있어서 어제 밤늦게까지 시험 공부를 했다. 새벽에 잠이 들어서 자명종 시계가 울리는 것도 못 듣고 늦잠을 자고 말았다. 그렇게 늦잠을 잘 줄 알았으면 ________ **을/ㄹ 걸 그랬다.** 그래도 다행히 학교 버스 시간까지는 20분 정도 여유가 있어서 세수를 하고 간단히 아침을 먹었다. 그런데 시계를 보니 버스 시간까지는 5분밖에 안 남아 있었다. 정류장까지 뛰었지만 버스를 놓치고 말았다. 아! 그럴 줄 알았으면 ________ **을/ㄹ 걸 그랬다.**

과제 2 읽고 말하기

01 여러분은 미신에 대해 어떻게 생각하십니까?

1) 미신은 절대로 믿지 않는다. ☐
2) 미신을 믿는 편이며 미신에서 나쁘다는 것은 꼭 피하려고 한다. ☐
3) 미신을 믿지는 않지만 되도록이면 미신에서 나쁘다는 것은 피하려고 한다. ☐

02 다음 글을 읽고 이야기해 보십시오.

1) 미신은 처음 어떻게 생겼을까요? 다음을 요약해서 말하고 여러분의 생각을 이야기 해 보십시오.

미신이나 징크스가 어떻게 생기게 되었는지에 대해서는 여러 가지 의견이 있는데, 심리학자 스키너는 미신이나 징크스가 어떤 우연한 일에서부터 시작된다고 했다. 예를 들어, 어떤 옷을 입고 시합에 나갔는데 그날 시합에서 이겼다면 그 다음부터는 그 옷의 효과를 믿고 계속 같은 옷을 입고 나가게 된다는 것이다. 또 우연히 축구 경기에서 골대를 맞히는 팀이 지는 일이 있었다면 그 다음부터는 그러한 미신이 생기게 되고 그러한 일이 여러 번 계속되면 점점 더 미신을 믿게 된다고 한다.

2) 사람들은 왜 미신을 믿을까요? 다음을 요약해서 말하고 여러분의 생각을 이야기 해 보십시오.

미신은 아마 인류가 시작되면서부터 생겼다고 해도 틀린 말은 아닐 것이다. 운명 앞에, 자연의 변화 앞에 인간은 너무나 힘이 없었기 때문에 사람들은 불안한 마음을 이기는 하나의 방법으로 미신을 만들어낸 것이다. 인간은 마음이 약하고 자신감이 없기 때문에 미신에 의지하게 되고, 이것을 지키지 않으면 실패한다는 믿음을 갖게 되는 것이다. 그래서 미신은 마음이 강한 사람보다는 실패한 경험이 많은 사람, 마음이 약하고 감정이 풍부한 사람이 더 잘 믿는다고 한다.

3) 보통 사람들의 미신에 대한 태도는 어떨까요? 다음을 요약해서 말하고 여러분의 생각을 이야기해 보십시오.

미신은 논리적 근거를 가진 것은 아니다. '그렇게 믿고 싶은 마음'에서 만들어진 것이다. 미신이 논리적 근거를 가지려면 모든 사람들에게 똑같은 결과가 나와야 하지만, 실제는 그렇지 않은 경우가 더 많다. 그러나 사람들은 여전히 미신에 의지하면서 살아간다. 사람들은 그것이 미신인 줄 알면서도 되도록이면 나쁘다는 것은 하지 않으려고 한다.

03 여러분 나라의 미신에 대해 이야기해 보십시오.

02 이름을 빨간 색으로 쓰면 안 돼요?

학습 목표 ● 과제 금기 소개하기 ● 어휘 미신 관련 어휘 ● 문법 -는다더라, -네 -네 해도

위 사진은 어떤 금기를 나타내는 것 같습니까?
여러분 나라에는 어떤 금기가 있습니까?

CD2:12~13

선배 여기에 이름하고 주소를 써야 하는데, 나한테 빨간 색 볼펜밖에 없거든. 다른 색 볼펜 있니?

마리아 아니, 왜요? 이름을 빨간 색으로 쓰면 안 돼요?

선배 어른들이 빨간 색으로 이름을 쓰면 일찍 죽는다더라. 그걸 꼭 믿는 건 아니지만 안 좋다는 건 안 하고 싶어서 그래.

마리아 예전에는 그런 미신을 믿는 사람이 많았겠지만 요즘 누가 그런 걸 믿어요?

선배 미신이 비과학적이네 시대에 뒤떨어지네 해도 아직도 믿는 사람이 많은 것 같아. 그리고 옛날부터 하지 말라고 내려오는 것은 다 그럴 만한 이유가 있더라.

마리아 그렇긴 한데 과학적인 근거가 전혀 없잖아요. 선배도 이제부터는 그런 말에 신경 쓰지 마세요.

비과학적
뒤떨어지다
과학적
근거
신경 쓰다

어휘

신 귀신 악마 천사 마녀 금기 도깨비 민간신앙

01 여러분이 믿는 것과 믿지 않는 것을 쓰고 이야기해 보십시오.

믿는 것	믿지 않는 것
천사	도깨비

02 빈칸에 공통으로 들어갈 어휘를 쓰십시오.

1) 아내는 내가 돈을 어디에 숨겼는지 귀신 처럼 알아맞힌다.
방금까지 책상 위에 있던 지갑이 없어지다니 귀신 이/~~가~~ 곡할 일이다.
2) 누나는 화장을 ______ 같이 하고 파티에 나타났다.
너무 말도 안 되고 이해할 수 없는 일을 당했을 때 우리는 "______ 한테 홀렸다" 고 한다.
3) 당신의 말이 거짓이 아니라는 것을 ______ 앞에 맹세할 수 있습니까?
오직 ______ 만이 진실을 알 것이다.
4) 중세 시대에는 마을에 재난이나 불행이 있을 때 한 여자를 ______ 으로/로 몰아서 태워 죽인 일이 있었다.
이 시대에도 신문이나 방송 등 사회 여론을 통해 ______ 사냥은 계속되고 있다.
5) 운동선수들에게 술과 담배는 끊으려고 해도 끊을 수 없는 ______ 의 유혹이다.
자살이란 ______ 에게 영혼을 파는 것이라고 말하는 사람도 있다.
6) 우리 언니는 얼굴도 예쁘고 마음씨도 ______ 처럼 착하다.
아이들의 마음은 ______ 처럼 맑고 깨끗하다.

YONSEI KOREAN 4

문법 연습

-는다더라/ㄴ다더라/다더라

01 다음의 [가]와 [나] 기사를 두 사람이 나누어 읽고 서로에게 이야기해 주십시오.

[가]

1. 지난 주말에 서울 경기 지방에 폭우가 내려 피해가 많았다.
2. 전세와 월세 가격이 계속 오르고 있다. 현재 작년보다 5%이상 올랐다.
3. 한국 축구 대표 팀이 일본과의 경기에서 1대 0으로 이겼다.
4. 6일부터 26일까지 현대미술관에서 피카소의 그림 전시회가 열린다.
5. 30~40대 주부의 60% 정도가 김치를 집에서 직접 담가 먹는다.

[나]

1. 남부 지방에서 폭우로 인해 3명이 숨지고 1명이 실종되었다.
2. 기름 값이 다음 주부터 리터당 30원 정도 오를 예정이다.
3. 한국 야구팀이 일본에게 3대 5로 졌다.
4. 서울시립미술관에서 한 달 동안 '로뎅의 미술전'을 한다.
5. 경기도의 어느 마을에서는 15가지의 한약재를 넣은 '한방김치'를 담가 먹는다.

지난 주말에 서울과 경기 지방에 비가 많이 내려서 피해가 많았다더라.

그래? 남부 지방에서도 이번 폭우로 3명이 죽고 1명이 실종되었다더라.

-네 -네 해도

02 알맞은 것을 골라 문장을 완성하여 이야기해 보십시오.

교통이 복잡하다 / 돈이 많이 들다 / 덥다 / 주차하기 힘들다 / 사람이 많다 / 비싸다 / 귀찮다 / 춥다 / 시간이 안 가다 / 시간이 가다

1) 교통이 복잡하네 사람이 많네 해도 서울은 역시 살기 편한 곳이에요.
2) .... 사계절이 있어서 좋아요.
3) .... 아이들 크는 걸 보면 세월이 참 빠른 것 같아요.
4) .... 백화점이 쇼핑하기 좋아요.
5) .... 연휴에는 많은 사람들이 여행을 떠나요.

과제 1 읽고 말하기

다음은 여러 나라의 금기들입니다. 다른 나라에는 어떤 금기들이 있는지 알아보고 그 나라로 여행가는 사람에게 [보기]와 같이 주의사항을 이야기해 주십시오.

	여러 나라의 금기
중국	• 결혼식을 4월에 하지 않고 축의금도 4만원은 하지 않음. • 배(과일) 하나를 둘이 나눠 먹지 않음.
인도네시아	• 남에게 물건을 주거나 받을 때는 오른손을 사용해야 함. • 남의 머리를 만지거나 어린이가 귀엽다고 머리를 쓰다듬으면 안 됨.
리비아	• 남의 여자나 부인을 똑바로 쳐다보지 말고 리비아 여성에 관한 이야기는 하지 말아야 함. • 악수는 남자하고만 해야 함.
다른 나라	• •
여러분의 나라	• •

[보기]

가 : 중국에 사는 친구한테 초대를 받아서 다음 주에 중국으로 여행 가게 됐어.
나 : 그래? 좋겠다. 그런데 중국에 가면 조심해야 할 것들이 있어.
가 : 뭔데?
나 : 중국 사람들은 4자를 **좋아하지 않는다더라.** 왜냐하면 숫자 4(四, 중국어로 Si)와 죽는다는 뜻의 사(死, 중국어로 Si)의 발음이 같기 때문이래. 그래서 결혼식도 4월에는 하지 않고 축의금도 4만원, 14만원 등으로는 하지 않는대.
가 : 그래? 생활 속에서 또 주의해야 할 건 없어?
나 : 배를 먹을 때 잘라서 먹거나 둘이 나눠 먹으면 **안 된다더라.** 그럼 그 사람과 헤어지게 된대.
가 : 배를 먹게 되면 조심해야겠구나.

과제 2 듣고 말하기 [CD2:14]

01 꽃의 색깔이나 숫자가 가진 특별한 의미가 있습니까? 그 의미를 이야기해 보십시오.

네잎 클로버	흰색 국화	빨간 장미	노란 장미
열 세 송이 장미	분홍 카네이션	흰색 백합	

02 이야기를 듣고 어느 나라의 금기인지 맞는 번호를 쓰십시오.

❶ 병문안을 갈 때 하얀 꽃을 가지고 가지 않는다.
❷ 흰색 꽃이나 칼을 선물하지 않는다.
❸ 꽃은 홀수로 선물하는데 열 세 송이는 하지 않는다.
❹ 빨간 장미는 연인에게만 선물한다.
❺ 꽃을 선물할 때 포장지에 싸서 주지 않는다.
❻ 연인에게 노란색 꽃을 선물하지 않는다.
❼ 짝수로 선물하지 않는다.
❽ 돼지고기와 술을 선물하지 않는다.
❾ 강아지나 개 그림이 들어간 것을 선물하지 않는다.
❿ 선물은 반드시 오른손으로 주고 받는다.

한국	❶	프랑스	
일본		멕시코	
독일		말레이시아	

1) 이런 금기는 왜 생겼을까요? 이야기해 보십시오.

2) 들은 내용이 여러분이 알고 있는 사실과 다른 점이 있습니까?

03 여러분 나라에서는 어떤 것을 선물하지 않습니까? 여러분은 이런 금기를 지킵니까?

03 사주 카페에 한번 가 볼까요?

학습 목표 ● 과제 예시 들어 글쓰기 ● 어휘 일생 관련 어휘 ● 문법 -는 김에, 설마 -는 건 아니겠지요?

위 그림의 사람들은 무엇을 하고 있습니까?
여러분도 미래가 궁금해서 점을 본 적이 있습니까?

CD2:15~16

선배 어제 시내에 나간 김에 사주카페에 가서 사주를 봤는데 참 재미있더라.

마리아 사주라니요? 그게 뭐예요?

선배 생년월일과 태어난 시간이 사주인데 그걸로 운명을 점치는 거야. 앞으로 뭘 하면 좋을지 물어봤더니 나더러 재물 운이 있다고 사업을 하래.

마리아 그래서 대학원 포기하고 사업하려고 그래요? 설마 정말로 그렇게 하려는 건 아니겠지요?

선배 아무러면 내가 점으로 내 미래를 결정하겠니? 아무튼 평생 쓰고도 남을 만큼 돈을 많이 번다니까 기분은 좋더라.

마리아 그럼 저도 사주 카페에 한번 가 볼까요? 언제쯤 결혼할 수 있을지 알아보게요.

사주
운명
점치다
더러
재물
사업
설마
아무러면
아무튼
평생

어휘

사망 사업 성공 승진 임신 진학 출산 출생 취업

01 사람의 일생에서 어느 시기에 일어날 수 있는 일인지 빈칸에 알맞은 어휘를 쓰십시오.

출생	청소년기	청년기	장년기	중년기	노년기
유아기	진학	취업			사망
유년기					

사람의 일생에 어떤 일이 더 있을까요?

결혼, 입학, 유학, 이혼, 출세, 퇴직, 회갑

02 빈칸에 알맞은 어휘를 쓰십시오.

1) 많은 여성들이 임신과 **출산** , 육아 등으로 사회 활동을 자유롭게 하지 못한다.
2) 항공사에 ________ 하려면 외국어뿐만 아니라 수영도 잘 해야 한다.
3) 아동의 뇌는 ________ 후 빠른 속도로 성장하다가 점차 성장 속도가 느려진다.
4) 그는 가난한 집안 형편으로 대학 ________ 을/를 포기하고 고등학교 졸업 후 작은 회사에 들어갔다.
5) 젊은 세대들의 목표는 공부를 열심히 하고 좋은 회사에 취직하여 ________ 을/를 하는 것이다.

문법 연습

-는/은/ㄴ 김에

01 민우는 오늘 너무 바쁜 날이라서 일을 나누어 가족들에게 부탁을 하려고 합니다. 여러분이 민우가 되어 가족들에게 부탁을 해 보십시오.

[민우의 오늘 할 일]

옷을 바꾸다	보고서를 제출하다	비디오를 돌려주다
방을 청소하다	수리한 컴퓨터를 찾아오다	책을 빌리다

그럼, 부탁 좀 할게요. 제가 오늘 할 일이 많아서요.
엄마, 죄송하지만 오늘 청소하시는 김에 ……………………
…………………… 그리고 형, ……………………

설마 -는/은/ㄴ 건 아니겠지요?

02

1. 저는 다음의 상황이 걱정되기는 하지만 그런 일은 없을 거라고 믿습니다. 이럴 때 뭐라고 말할까요?

상황	
1) 음식이 모자랄까 봐 걱정된다.	설마 음식이 모자라는 건 아니겠지요?
2) 길을 잃어버릴까 봐 걱정된다.	
3) 물건이 다 팔릴까 봐 걱정된다.	
4) 회사가 망할까 봐 걱정된다.	
5) 시험에 떨어질까 봐 걱정된다.	

2. 위의 상황에 맞게 이야기해 보십시오.

1) 가 : 음식을 이렇게 넉넉히 준비했는데 설마 음식이 모자라는 건 아니겠지요?
   나 : 그럼요, 걱정 마세요. 넉넉할 거예요.

2) 가 : 차에 내비게이션이 있는데 ______________________
   나 : 그럼요, 내비게이션이 모르는 길을 다 찾아 줄 거예요.

3) 가 : 오늘이 세일 첫 날인데 ______________________
   나 : ______________________

4) 가 : 자본이 튼튼한 회사인데 ______________________
   나 : ______________________

5) 가 : ______________________
   나 : ______________________

과제 1 읽고 말하기

다음은 사주를 본 어떤 남자의 이야기입니다. 여러분이 이 남자의 친구라면 어떻게 충고를 해 주겠습니까? 이야기해 보십시오

나는 군대를 갔다 와서 여러 가지 좋은 조건을 모두 갖춘 여자 친구를 사귀게 되었다. 여자 친구는 외모와 학력, 성격이 아주 완벽한 여자였다. 어머니도 여자 친구를 마음에 들어 하셨다. 그런데 어느 날, 어머니가 나와 여자 친구의 궁합을 보고 오시더니 점쟁이가 우리가 결혼하면 내가 35살을 넘기지 못하고 죽는다고 했다고 한다. 나는 그 말을 믿지 않았다. 그래서 여자 친구와 시내에 나갔다가 다른 점집에 가서 다시 한 번 궁합을 봤다. 그런데 거기에서도 내가 여자 친구와 결혼하면 35살 이전에 죽는다는 것이다.

친구 : 요즘 무슨 고민이 있어? 얼굴이 많이 안 됐다.

남자 : 여자 친구와 결혼을 하려고 하는데 문제가 생겨서 그래.

친구 : 무슨 문젠데?

남자 : 얼마 전에 어머니가 점을 보셨는데 지금 여자 친구와 결혼하면 내가 35살을 넘기지 못하고 죽는대. 지금 여자 친구와 결혼한다고 해서 **설마 일찍 죽는 건 아니겠지?**

친구 : ....

과제 2 말하고 쓰기

01 여러분은 점에 대해 어떻게 생각합니까? 점은 우리의 생활에 긍정적인 영향을 미칠까요? 아니면 부정적인 영향을 미칠까요? 다음 중에서 점에 대한 긍정적인 부분과 부정적인 부분을 말하는 것을 골라 보십시오.

1) 미래를 미리 알 수 있기 때문에 나쁜 일이 생기기 전에 미리 준비할 수 있다.
2) 미래가 좋다고 하면 더 자신감이 생겨 일을 성공시킬 수 있다.
3) 처음에는 재미로 시작하지만 점점 중독이 될 수도 있다.
4) 미래가 나쁘다고 하면 자신의 미래를 포기하게 될 수도 있다.
5) 좋은 말을 들으면 기대감이 생겨 더 열심히 일하게 된다.
6) 어려운 일이 있을 때 위로를 받을 수 있다.

긍정적인 면	부정적인 면

02 다음의 두 이야기는 점의 긍정적인 면과 부정적인 면 중 무엇의 예로 알맞을까요?

[가]

아이를 기대하고 있던 한 여자가 점쟁이를 찾아가서 몇 명의 아이를 가지게 될까 물었다. 대답은 놀랍게도 아이를 한 명도 가지지 못한다는 거였다. 병원에 찾아가 검사를 해 보았는데 정상이었다. 그러나 그 여자는 아이를 가지지 못할 거라는 불안감으로 우울증에 걸렸고, 결국 건강도 나빠져서 아이를 한 명도 가지지 못했다.

[나]

무슨 일을 하든지 실패하는 불행한 남자가 있었다. 그 남자는 자신의 운명을 비관해 자살을 하려고까지 했다. 그때 한 점쟁이가 앞으로 3년만 고생하면 큰 행운이 찾아올 거라고 했다. 남자는 희망을 가지고 3년 동안 열심히 일을 했다. 열심히 일한 덕분에 돈도 벌고 성공도 하게 됐다. 어느덧 그는 우울하고 불행한 남자에서 행운의 남자로 변해 있었다.

03 점에 대해 앞의 예를 이용하여 여러분의 생각을 써 보십시오.

점에 대한 사람들의 의견은 다양합니다. 미래를 알게 되면 앞날에 대해 미리 준비할 수 있기 때문에 좋다고 하는 사람이 있는가 하면, 미래를 알면 미래가 좋건 나쁘건 사람들이 노력하지 않거나 미리 포기해 버릴 거라고 말하는 사람들도 있습니다.

저는

04 오늘 좋은 꿈을 꿨어요

학습 목표 ● 과제 꿈에 대한 글 읽고 정리하기 ● 어휘 꿈 관련 어휘 ● 문법 도 이지만, -는다면야

위 그림의 사람들은 어떤 꿈을 꾸고 있습니까?
여러분은 어떤 꿈을 자주 꿉니까? 왜 그런 꿈을 꾼다고 생각합니까?

CD2:17~18

마리아 오늘 시험 결과 발표가 있는 날인데 많이 떨리시죠?

영수 네, 긴장이 돼서 잠을 못 자다가 새벽에 겨우 잠들었는데 돼지꿈을 꾸었어요. 그래서 그런지 느낌이 좋아요.

마리아 꿈에서 돼지를 본 게 시험하고 무슨 상관이 있어요?

영수 한국에서는 돼지꿈이 길몽이거든요. 돼지꿈을 꾸면 돈이 생긴다 거나 큰 행운이 온다고들 해요.

마리아 그렇군요. 꿈도 꿈이지만 열심히 노력하셨으니까 꼭 합격하실 거예요. 합격하면 한턱내세요.

영수 그럼요. 제가 합격만 한다면야 뭘 못하겠어요?

떨리다
상관
길몽
한턱내다

어휘

길몽	선잠	숙면	악몽	태몽	해몽	흉몽

01 빈칸에 알맞은 어휘를 쓰십시오.

1) □□ : 앞으로 좋은 일이 생길 것을 알려 주는 꿈.
사람들은 돼지꿈 같은 ~을 꾸면 복권을 산다.

2) □□ : 앞으로 나쁜 일이 일어날 것을 알려 주는 꿈.
이가 빠지는 꿈은 ~이라고 한다.

3) □□ : 무섭거나 기분 나쁜 꿈.
나는 친구가 사고를 당하는 ~을 꾸었다.

4) □□ : 아이를 낳기 전에 꾸는 꿈.
엄마는 동생을 가졌을 때 용이 하늘로 올라가는 ~을 꾸었다고 한다.

5) □□ : 꿈의 뜻을 풀이하는 것.
꿈보다 아버지의 ~이 더 좋았다.

6) □□ : 깊이 들지 못한 잠.
동생은 ~을 자는지 자꾸 뒤척인다.

7) □□ : 깊이 잠이 드는 것.
그의 눈은 ~을 취하지 못해서 빨갛게 충혈되어 있었다.

02 빈칸에 알맞은 어휘를 쓰십시오.

우리가 잠을 잘 때는 4단계로 잠에 빠져 들게 되는데, 꿈은 마지막 4단계에서 가장 많이 꾸게 되며 이때 주로 심리적인 휴식을 취하게 된다고 한다. 따라서 우리가 **숙면** 을/~~를~~ 취하고 나면 몸과 마음이 상쾌해지지만 ________ 을/를 자고 나면 더 피곤함을 느끼고 아기들은 울기도 한다.

여러 종교에서 꿈은 앞으로 일어날 일을 미리 보여주는 것이라고 한다. 〈성경〉에 나오는 요셉이나 다니엘은 꿈을 잘 ________해서 위험에서 벗어났고, 이슬람교의 창시자 마호메트는 〈코란〉의 내용 대부분을 꿈에서 배웠다. 불교에서 보면 부처의 어머니는 작고 흰 코끼리가 자신의 몸속으로 들어오는 ________을/를 꾸었다. 이 꿈은 위대한 지도자가 태어날 것을 보여주는 꿈이라고 한다. 그리고 예전에는 꿈꾸는 사람이 밤중에 악마의 방문을 받았을 때 꾸는 꿈을 ________이라고 생각했다. 또한 서양의 심리학자 프로이드나 융은 사람의 무의식을 나타내는 것을 꿈이라고 보고 있다.

문법 연습

도 이지만, -기도 -지만

01 알맞은 단어를 써서 이야기해 보십시오.

질문		대답
1) 요즘 몸이 안 좋아서 **운동**을 해야겠어요.	운동 < 술	운동도 운동이지만 술부터 끊으세요.
2) **경제**가 발전해야 선진국이 될 수 있어요.	경제 < 정치 / 수준	경제도 경제지만
3) 요즘은 뭐든 **디자인**이 멋있어야 잘 팔립니다	<	
4) 저 여자 **예뻐서** 좋아하는 거지?	예쁘다 < 성격이 좋다	예쁘기도 예쁘지만
5) 영수 생일 파티에는 **바빠서** 안 가려는 거야?	<	

-는다면야/ㄴ다면야/다면야

02 다음 질문에 대답해 보십시오.

1) 저처럼 수줍음이 많은 사람도 성공할 수 있을까요?

2) 저희 할아버지는 연세가 많으신데도 일을 하고 싶어 하세요. 하실 수 있을까요?

3) 우리 학교 축구대표팀이 이번 대회에서 우승할 수 있을까요?

4) 경험도 별로 없는 제가 그런 큰일을 잘 할 수 있을까요?

5) 아드님이 대학교에 들어가면 자동차를 사 주겠다고 약속하셨다면서요?

물론이지. 능력 있고 노력만 한다면야 성공할 수 있지.

과제 1 말하기

다음은 성공하는 방법에 대한 이야기입니다. 아래의 주제들 중 하나를 골라 [보기]와 같이 이야기해 보십시오.

행복한 결혼 생활의 조건

성공하는 방법

시험에 합격하는 방법

남자/여자의 관심을 얻는 방법

좋은 직장의 선택 기준

피부가 좋아지는 방법

[보기]

학생1 : 어떻게 하면 성공할 수 있을까요?

학생2 : **운만 좋다면야** 성공할 수 있지 않을까요?

학생3 : **운도 운이지만** 태도도 중요하다고 들었어요. 역사적으로 봐도 왕이나 훌륭한 사람들은 태도도 좋았다고 하잖아요.

학생4 : **태몽도 태몽이지만** 노력 없이 성공할 수는 없지요.

학생5 : 누구나 성공을 위해 열심히 노력하지만 성공하는 사람도 있고 실패하는 사람도 있잖아요. 저는 성공하기 위해서는 무엇보다도 개인의 능력이 제일 중요하다고 생각해요.

과제 2 읽고 말하기

01 다음은 한국에서 길몽일까요? 흉몽일까요? 왜 그렇게 생각합니까?

1) 돼지가 집안으로 들어오는 꿈	길몽
2) 하늘로 올라가는 꿈	
3) 해와 달이 뜨는 꿈	
4) 쓰레기나 똥 같은 더러운 것을 보는 꿈	
5) 이가 빠지는 꿈	흉몽
6) 죽은 사람이 산 사람을 데리고 가는 꿈	
7) 새 집을 짓는 꿈	
8) 소나 개가 나타나는 꿈	

02 다음은 꿈으로 인생이 바뀐 사람의 이야기입니다. 읽고 질문에 답하십시오.

신라 제 29대 왕의 이름은 김춘추이고, 그의 아내는 신라의 유명한 장군인 김유신의 여동생 문희였다.

문희가 김춘추의 아내가 되기 전의 일이다. 하루는 문희의 언니 보희가 경주 서산 꼭대기에 올라가서 오줌을 누었는데 온 시내가 그 오줌으로 가득 차는 꿈을 꾸었다. 보희는 그 꿈을 창피하게 생각했으나 동생 문희는 달랐다. 문희는 그 꿈 이야기를 듣자마자 꿈을 사겠다고 했다. 보희가 무엇을 주고 사겠느냐고 묻자 비단치마를 주겠다고 답했다. 보희가 좋다고 하고 "어젯밤 꿈을 네게 판다"고 하니까 문희는 얼른 치마를 펴서 보희의 꿈을 담았다. 이 꿈을 산 문희는 훗날 신라의 왕비가 되었다.

1) 누구에 관한 이야기인지 ✔ 하십시오.

	문희	보희
• 자신의 꿈을 창피하게 생각했다.	☐	☐
• 비단 치마를 주고 꿈을 샀다.	☐	☐
• 신라의 왕비가 되었다.	☐	☐
• 경주 서산 꼭대기에서 오줌을 누었는데 서라벌이 그 오줌으로 가득 차는 꿈을 꾸었다.	☐	☐

2) 두 사람이 왜 꿈을 사고 팔았을까요?

03 여러분은 꿈으로 인생이 달라질 수 있다고 생각합니까? 알고 있는 이야기가 있으면 이야기해 보십시오.

05 정리해 봅시다

• 어휘

01 빈칸에 알맞은 어휘를 쓰십시오.

점	부상	사업	재물	평생	중계방송

....	....	....
사주카페 운명 미래 점쟁이 보다	운동선수 사고 붕대 병원 당하다	텔레비전 운동 경기 아나운서 해설자 인공위성
....	....	....
계획 자본 출장 신용 무역	돈 복 재테크 욕심 모으다	인생 친구 추억 소중하다 후회

02 빈칸에 알맞은 어휘를 쓰십시오.

설마	아무튼	아무러면	응원하다	출전하다	한턱내다	뒤떨어지다

1) .... 시험도 보지 않고 포기하려는 것은 아니겠지?
2) 장학금을 받았으니까 .... 으세요/세요.
3) 일이 이렇게 쌓여 있는데 .... 부장님이 일을 더 시키실까?
4) .... 내일까지는 무슨 일이 있어도 이 일을 끝내세요.
5) 오늘은 부상 때문에 경기에 .... 지 못한 선수들이 많습니다.
6) 우리 반 학생들의 실력이 다른 반 학생들에 비해 결코 .... 지 않아요.
7) 제니 씨는 재미교포인데 한국과 미국이 축구를 하면 어느 팀을 .... 어요/아요/여요?

• 문법

다음 상황에 맞게 대화를 완성하십시오.

김 사장님이 사주와 태몽이 좋아서 부자가 되었다고 생각하는 사람들이 있는가 하면 본인이 열심히 노력해서 부자가 되었다고 생각하는 사람들도 있다.

민철 : 김 사장님은 사주가 좋아서 그렇게 돈을 많이 벌었대.

미선 : ________________ 도 ________________이지만/지만 태몽도 아주 좋았대. 어머니가 용꿈을 꾸셨다고 하던데.

정희 : ________________네 ________________네 해도 아무런 노력 없이 어떻게 그렇게 많은 돈을 벌 수가 있었겠어? 다 본인이 열심히 일했으니까 그렇게 부자가 될 수 있었겠지.

한국에는 시험 보는 날 미역국을 먹으면 시험에 떨어진다는 미신이 있다. 그런데 영수는 오늘 중요한 시험이 있지만 생일날이라서 아침에 미역국을 먹었다. 영수는 그것을 후회하고 있고 친구는 열심히 공부를 했으면 미역국을 먹었어도 시험에 붙을 수 있다고 위로를 했다. 영수도 미역국 때문에 시험에 떨어지지는 않을 거라고 생각하게 된다.

친구 : 영수야, 어제 밤에 너무 무리해서 공부한 거 아니야? 안색이 안 좋아.

영수 : 하숙집 아주머니가 오늘이 내 생일인 것을 알고 아침에 미역국을 끓여 주시잖아. 안 먹을 수도 없고 해서 먹었는데 오늘이 시험이니까 괜히 기분이 안 좋아. ________________ ________________을/ㄹ 걸 그랬나봐.

친구 : 그런 건 다 미신이야. ________________는다면야/ㄴ다면야/다면야 ________________ ________________.

영수 : 그렇지? 미역국을 먹었다고 ________________는/은/ㄴ 건 아니겠지?

오늘은 다른 날보다 재민의 가게에 손님이 없다. 걱정하고 있는 재민에게 친구가 같이 사주를 보러 가자고 한다. 고향 친구가 사주를 보고 왔는데 결혼, 사업 등 미래에 대한 것이 사주에 다 나와 있다고 했다. 친구의 말을 듣고 재민도 오늘 어머니 생신 선물을 사러 시내에 가서 사주도 봐야겠다고 한다.

친구 : 재민아, 내일이 어머니 생신인데 물건은 많이 팔았어? 돈을 많이 벌어야 어머니께 좋은 선물을 해 드리지.

재민 : 아니, ... 따라 ....
요즘같이 장사가 안 되면 가게 문을 닫아야 할 것 같아.

친구 : 그러지 말고 우리 사주 한번 보러 갈래? 네가 계속 가게를 해도 될지 안 될지 사주에 다 나온다니까. 내 고향 친구가 어제 사주를 봤는데 .... 는다더라/ㄴ다더라/다더라.

재민 : 그래? 오늘 어머니 생신 선물을 사러 시내에 가야 하는데 .... 는/은/ㄴ 김에 ....

• 읽고 이해하기

다음은 한국의 미신입니다. 여러분 나라에도 이런 미신이 있습니까? 비교하여 이야기해 보십시오.

사람	• 밤에 여자가 거울을 보면 이혼을 당한다. • 여자는 날씨가 흐린 날 머리를 감으면 안 된다.
신체	• 다리를 흔들면 복이 나간다. • 눈 아래에 있는 점은 나쁘다.
행사	• 결혼 날짜를 잡은 후 다른 결혼식에 가지 않는다. • 제사가 있는 날은 다른 사람의 장례식에 가지 않는다.
절기	• 1월 1일에는 머리를 감지 않는다. • 동짓날에는 장을 담그지 않는다.
음식	• 밥 먹을 때 잔소리를 하면 복이 나간다. • 고사 지낸 음식은 조금 떼어 놓고 먹는다.
임신	• 아이를 낳은 집에는 3 · 7일 전에는 방문하지 않는다. • 임신 중 게나 오리 고기는 먹지 않는 것이 좋다.
사물	• 바늘에 실을 길게 꿰면 멀리 시집간다. • 베개를 세워 놓으면 도둑이 든다.
동물	• 낮에 거미가 내려오면 손님이 오고 밤에 거미가 내려오면 근심이 생긴다. • 집에서 큰 뱀이 나오면 좋지 않다.
생활	• 낮 12시 이전에는 꿈 이야기를 하면 안 된다. • 밤에는 손톱을 깎으면 안 된다.

문화

한국의 민간 신앙

우리 민족은 오랜 옛날부터 돌이나 나무를 신앙의 대상으로 믿고 섬겨 왔습니다. 그곳에 영혼이 있다고 믿었기 때문이지요. 처음에 돌은 지배자에 대한 맹세나 권위를 상징했습니다. 그러다가 차츰 이상하게 생긴 큰 바위에 절을 하며 복을 빌게 되었습니다. 돌이 생명을 탄생시키고 잘 살게 해 준다고 믿었기 때문입니다. 이러한 예로 큰 바위나 돌에 불상을 새기거나 서낭당 앞에 돌무덤을 쌓아 소원을 비는 것을 들 수 있습니다. 이러한 돌에 대한 믿음은 돌이 변하지 않고 영원하다는 생각에서 나온 것이었습니다.

이러한 영원함을 바라는 마음은 나무를 믿고 섬기는 풍속으로도 이어졌습니다. 우리나라 시골 마을 입구에는 오래된 나무가 서 있는 경우가 많습니다. 사람들은 이 나무를 '당산 나무'라고 부르며 섬깁니다. 당산 나무는 신앙의 대상이 될 뿐 아니라 마을 사람들이 모이는 장소로도 이용되었습니다. 시원한 그늘을 만들어 주기 때문에 그 아래 조그만 정자를 짓고 그 정자 아래 마을 사람들이 모여 휴식도 취하고 마을의 대소사도 결정했지요. 그래서 이러한 나무를 정자나무라고도 불렀습니다. 그리고 당산 나무에도 영혼이 있고 마을을 지켜준다고 믿었기 때문에 당산 나무에 나쁜 짓을 하거나 하면 벌을 받는다고 생각했습니다. 그리고 마을 제사를 지낼 때는 이 당산 나무 아래서 제사를 지냈습 니다.

1. 한국 민족은 왜 돌이나 나무를 신앙의 대상으로 믿었을까요? 이야기해 보십시오.

2. 여러분 나라에도 이와 비슷한 신앙이 있습니까? 이야기해 보십시오.

문법 설명

01 따라

보통 때와 다르게 특별함을 나타낼 때 쓴다.

- 오늘은 남자 친구를 만나는 날인데, 오늘따라 옷도 머리도 마음에 안 든다.
- 오늘은 아침을 못 먹고 나왔는데, 오늘따라 아침부터 회의가 계속되어 간식 먹을 시간도 없었다.
- 지난 월요일은 할 일이 많아 아주 바빴는데, 그날따라 연구실로 찾아오는 사람도 많았다.
- 지난 토요일은 올 겨울 들어 제일 추운 날이었는데, 나는 그날따라 짧은 치마를 입고 나가서 감기에 걸렸다.
- 오늘 큰 맘 먹고 도서관에 갔는데, 오늘따라 도서관 주변의 공사 소리 때문에 도서관이 아주 시끄러웠다.

02 -을/ㄹ걸 그랬다

말하는 사람이 하지 않은 일이나 하지 못한 일에 대한 후회나 아쉬움을 나타낼 때 쓴다.

- 그 친구와 그렇게 싸울 줄 알았으면 그 모임에 가지 말걸 그랬어요.
- 아직도 청소하고 있는 줄 알았으면 좀 더 늦게 들어올걸 그랬어요.
- 시험에 합격하기가 정말 어렵군요. 좀 더 일찍부터 준비할걸 그랬어요.
- 어머, 그렇게 재미있었어요? 그렇게 재미있을 줄 알았더라면 저도 갈걸 그랬네요.
- 노래 부른 사람마다 다 상을 줄 줄 알았으면 저도 노래 부를걸 그랬나 봐요.

03 -는다더라/ㄴ다더라/다더라

반말로, 들은 말이나 사실을 상대방에게 전할 때 쓴다. 형용사 또는 '-었-' 뒤에는 '-다더라', 받침 있는 동사 뒤에는 '-는다더라', 받침 없는 동사 뒤에는 '-ㄴ다더라'를 쓴다.

- 가 : 영수 씨 동생은 요즘 뭐 한대?
  나 : 대학 졸업하고 회사에 취직했다더라.

- 가 : 어제 영수가 학교에 안 왔어. 무슨 일이 있는 게 아닐까?
  나 : 학교 오는 길에 사고가 났다더라. 지금 병원에 있대.
- 가 : 감기 걸렸는데 어떤 차를 마시면 좋을까?
  나 : 사람들이 그러는데 감기에는 생강차나 유자차가 좋다더라.
- 가 : 오늘 영화를 보려고 하는데 요즘 좋은 영화가 뭐가 있니?
  나 : 얼마 전에 영화상을 받은 '사랑'이라는 영화가 좋다더라. 한번 가서 봐.
- 가 : 친구들한테 얘기해 봤어? 이번 휴가 때 제주도 가는 것에 대해 뭐라고들 해?
  나 : 다들 좋다더라. 이번 주말에 다 같이 만나서 구체적으로 얘기하자고 하던데.

04 –네 –네 해도

앞 문장에는 비슷하거나 상대적인 상황과 의견들을 나열하고, 뒤 문장에는 그러한 상황과 의견이 있다고 해도 화자의 생각은 그 이전의 생각과 다름없음을 나타낼 때 쓴다.

- 교통이 복잡하네 사람이 많네 해도 서울은 역시 살기 편한 곳이에요.
- 밉네 곱네 해도 어려운 일이 생기면 역시 자기 형제밖에 없어요.
- 돈이 많이 드네 귀찮네 해도 연휴에는 많은 사람들이 여행을 떠나요.
- 그 식당의 음식 값이 비싸네 불친절하네 해도 여전히 손님이 많아요.
- 교통이 불편하네 시간이 많이 걸리네 해도 수학여행지로는 역시 경주가 제일 좋아요.

05 –는/은/ㄴ 김에

어떤 일을 하거나 이미 일어난 상황을 이용하여 계획하지 않았던 다른 일이나 행동을 함께 할 때 쓴다.

- 시내에 나간 김에 백화점에 들러 옷을 사 가지고 왔다.
- 국제회의에 참석하러 미국에 간 김에 미국 구경도 하고 왔다.
- 말이 나온 김에 요즘 그 친구가 어떻게 지내는지 얘기 좀 해 줘.
- 자리에서 일어나신 김에 창문 좀 닫아 주시겠어요?
- 고향에 가시는 김에 고향 친구들에게 제 안부도 좀 전해 주세요.

06 설마 -는/은/ㄴ 건 아니겠지요?

그러한 일이 일어날까 봐 걱정하면서 그 일이 일어나지 않을 것이라고 확신할 때 쓴다.

- 시험공부를 그렇게 열심히 했는데 설마 시험에 떨어지는 건 아니겠지요?
- 김 선생님께 이번 꼭 모임에 오시라고 전화도 드리고 메일도 보냈는데 설마 안 오시는 건 아니겠지요?
- 의사 선생님이 담배를 끊어야 한다고 그렇게 얘기했는데도 설마 다시 담배를 피우는 건 아니겠지요?
- 여기에 쓰레기를 버리지 말라고 이렇게 붙여 놓았는데 설마 사람들이 이곳에 또 쓰레기를 버리는 건 아니겠지요?
- 사과 편지를 세 번이나 보냈는데 설마 아직 화가 안 풀린 건 아니겠지요?

07 도 이지만, -기도 -지만

앞 문장의 상대방이 기대하거나 생각한 것보다 더하거나 심함을 뒤 문장에 나타낼 때 쓴다. 명사 뒤에는 '도 이지만', 용언 뒤에는 '-기도 -지만'을 쓴다.

- 가 : 영화 내용이 정말 좋지요?
  나 : 내용도 내용이지만 배경 음악도 정말 좋은데요.
- 가 : 건강이 나빠져서 운동을 해야겠어요.
  나 : 운동도 운동이지만 술부터 끊으세요.
- 가 : 뭐니 뭐니 해도 학생들은 공부를 잘 해야죠.
  나 : 공부도 공부지만 인성 교육도 중요하다고 봐요.
- 가 : 외국어 배우는 걸 왜 그만두셨어요? 어렵던가요?
  나 : 어렵기도 어렵지만 요즘 시간이 없어서 그만두었어요.
- 가 : 이번에 휴가를 안 가신다고요? 많이 바쁘세요?
  나 : 바쁘기도 바쁘지만 여윳돈이 없어서 이번에는 휴가를 못 가요.

08 -는다면야/ㄴ다면야/다면야

어떠한 상황을 가정하여 그 조건이 이루어진다고 가정했을 때만 이후의 행동을 하거나 어떠한 상황이 될 것임을 나타낼 때 쓴다. 형용사 또는 '-었-' 뒤에는 '-다면야', 받침 있는 동사 뒤에는 '-는다면야', 받침 없는 동사 뒤에는 '-ㄴ다면야'를 쓴다.

- 가 : 저는 돈이 없는데 대학에 갈 수 있을까요?
  나 : 그럼요. 열심히 공부한다면야 누구든지 대학에 갈 수 있지요.
- 가 : 우리가 그런 큰일을 해 낼 수 있을까요?
  나 : 우리 둘이 힘을 합친다면야 못할 일이 없을 거예요.
- 가 : 여보, 우리 시골로 내려가서 사는 게 어때?
  나 : 당신만 좋다면야 저는 아무래도 상관없어요.
- 가 : 이번에 회사에서 제 의견이 받아들여질까요?
  나 : 김 과장의 의견이 옳다면야 받아들여지겠지요.
- 가 : 제 결혼식에 왜 안 오셨어요?
  나 : 김 선생님 결혼 소식을 알았다면야 왜 제가 안 갔겠어요? 지난 몇 달 외국에 나가 있어서 결혼 소식을 못 들었어요.

제8과 생활 경제

01 저축 상 타신 걸 축하드립니다

학습 목표 ● 과제 돈 모으는 방법 소개하기 ● 어휘 소비, 지출 관련 어휘 ● 문법 -을 따름이다, -으니만큼

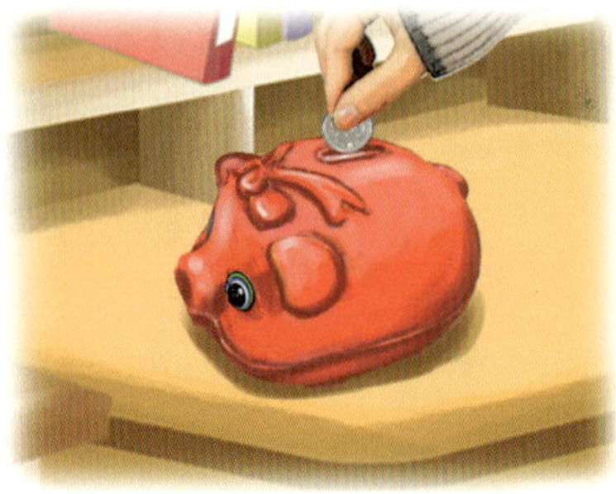

여러분은 어떻게 돈을 절약하고 있습니까?
생활 속에서 돈을 절약하는 방법에는 어떤 것들이 있을까요?

CD2:19~20

제임스 아주머니, 이번에 저축 상 타신 걸 축하드립니다.

아주머니 아유, 쑥스럽게 뭘. 별로 많지도 않은데 이런 상을 받으니 부끄러울 따름이야.

제임스 아주머니처럼 힘든 식당 일을 하시면서 그렇게 큰돈을 모으신 분이 흔한가요? 그런데 비결이 뭐예요?

아주머니 비결이랄 게 뭐 있나? 단돈 만 원이라도 모이면 바로 은행에 가서 저축을 했지. 하고 싶은 것 다 하고서는 돈 모으기 어렵거든.

제임스 네, 그렇게 모으신 돈으로 세 명의 자녀분들을 대학까지 다 교육 시키시고 정말 대단하세요. 요즘은 형편이 어려운 학생들의 등록금도 대신 내주신다면서요?

아주머니 이젠 자식 교육도 다 시켰고, 다른 사람에게 많은 도움을 받고 살았으니만큼 나도 나보다 어려운 사람 도우면서 살아야지.

쑥스럽다
흔하다
단돈
자녀
형편
대신

어휘

고가	구매	소비	수입	저가
저축	절약	지출	과소비	

01 빈칸에 알맞은 어휘를 쓰십시오.

1) 돈을 쓰는 것 □□
2) 지나치게 돈을 많이 쓰는 것 □□□
3) 돈이 들어오는 것 □□
4) 돈이 나가는 것 □□
5) 물건을 사는 것 □□
6) 비싼 값 □□
7) 싼 값 □□
8) 아껴 쓰는 것 □□
9) 은행 등에 돈을 모으는 것 □□

02 다음은 최근 기사 중 일부입니다. 빈칸에 알맞은 어휘를 쓰십시오.

최근 각 가구의 **수입** 은/~~는~~ 줄어든 데 비해 교육비 ______ 이/가 크게 늘어났다. 그래서 일반인들이 생활비를 줄 이고 물건을 사지 않는 등 ______ 이/가 많이 줄었다. 이는 경제에도 나쁜 영향을 주고 있다. 그러나 일부 부유층은 외국에서 수입한 유명한 ______ 의 제품만을 하는 등 부유층의 ______ 은/는 여전히 문제가 되고 있다. 이러한 과소비는 물건 값 일이백 원을 깎아 가며 알뜰하게 ______ 하는 많은 소시민들에게 허탈감을 주고 있다.

문법 연습

-을/ㄹ 따름이다

01 다음 상황에서 기분이 어떨까요? 이야기해 보십시오.

답답하다 / 안타깝다 / 기쁘다 / 감사하다 / 죄송하다 / 실망스럽다 / 걱정되다 / 부끄럽다

1) 가 : 초대해 주셔서 정말 고맙습니다.
나 : 아닙니다. 바쁘신 중에도 이렇게 와 주셔서 감사할 따름입니다.

2) 가 : 상을 받으신 소감 한 마디 해 주시죠.
나 : 제가 뭘 바라고 한 일도 아닌데 이렇게 상을 주시니…

3) 가 : 선생님 아이들은 공부를 잘 하지요?
나 : 아니요, 공부도 안 하고 놀기만 해서…

4) 가 : 이번에 시험 성적이 잘 안 나와서 많이 실망했지요?
나 : 아니에요. 공부를 많이 안 해서 시험을 못 볼 거라고 생각했는데 생각보다 성적이 좋아서…

5) 가 : 이제는 정치인들이 예전보다 많이 깨끗해졌겠지요?
나 : 저도 그럴 거라고 기대했는데 뉴스에서 보도되는 정치인들의 부정부패를 보면…

-으니만큼/니만큼

02 친구의 고민에 대해 대답해 보십시오.

제 실수 때문에 친구와 좀 심하게 싸웠어요. 제가 계속 사과를 했는데도 친구가 화를 풀지 않아요.

내일이 휴일인데 회사에서 나오라고 해요. 저는 여자 친구와 선약이 있는데 어떻게 하죠?

열심히 준비하기는 했지만 입사시험 보고 나서 너무 불안해요. 이번에 또 떨어지면 어떻게 하죠?

1박2일 코스로 설악산 등산을 하려고 하는데 무엇을 준비해야 해요?

이번에 제가 청소년 드라마를 만들게 되었는데 어떤 내용으로 만들면 좋을까요?

사과를 많이 했으니 만큼 친구도 곧 화를 풀 거예요. 걱정하지 마세요.

과제 1 쓰기

경제면에 난 신문기사의 일부입니다. 제목에 맞춰 [보기]와 같이 기사를 만들어 보십시오.

[보기]

가죽 옷 꼼꼼히 살펴야

겨울이 다가오면서 최근 가죽 옷을 구입 하는 사람들이 많아졌다. 그러나 가죽 옷은 가격이 비싼데다가 한 번 구입하면 오래 입는 **옷이니만큼** 꼼꼼하게 살펴본 뒤 사야 한다.

1)

고객들 눈 높아져 서비스 개선 시급

최근 고객들은 아무 제품이나 사지 않는다. 이렇게 고객들의 눈이 **높아 졌으니만큼** ....

....

2)

투자? 수익이 많으면 손실도 큰 법! 주의해야 …

....

....

....

....

과제 2 읽고 쓰기

01 다음은 무슨 뜻일까요? 아래의 뜻에 맞는 표현을 쓰십시오.

> 돈을 펑펑 쓴다.
> 돈을 물 쓰듯 한다.
> 밑 빠진 독에 물 붓기이다.

1) 돈을 너무 많이 써서 아무리 벌어도 항상 부족하다.

....

2) 돈을 많이 쓰고 낭비한다.

.........., ...

02 다음은 돈을 합리적으로 사용하고 돈을 모으는 방법에 대한 글입니다. 여러분도 여러분의 방법을 소개하고 써 보십시오.

돈을 모으는 방법

저는 사회 초년생입니다. 사회에 첫발을 디딘 사람으로서 기대도 되고 흥분도 됩니다. 이제 저도 일정한 수입이 생기게 되는데, 이것을 어떻게 관리해야 할지 고민입니다. 좋은 방법이 있으면 좀 알려 주십시오.

re: 돈을 모으는 방법

저는 가계부를 씁니다. 가계부를 쓰면 돈을 쓸 때마다 내가 어디에 얼마를 썼는지 가계부에 기록하고, 월말이 되면 가계부를 보고 내가 쓸데없이 돈을 낭비한 부분은 없는지, 다음 달에는 어디에 돈을 좀 덜 써야 할지 살펴볼 수 있어서 낭비를 안 하게 됩니다.

---

re: 돈을 모으는 방법

저는 시간이 많지 않아 가계부를 쓸 수는 없지만 대신 봉투를 이용합니다. 우선 한 달 동안 돈을 쓸 계획을 세우고 어디에 얼마만큼의 돈을 쓸지 나누어 놓은 다음 그걸 각각 다른 봉투에 따로따로 넣어 둡니다. 그리고 무슨 일이 있더라도 봉투 안에 넣어 둔 계획된 돈만큼만 씁니다. 또 작은 돈을 큰돈으로 모을 수 있는 방법의 하나로 돼지저금통을 이용하는 것도 좋습니다. 쇼핑하고 남은 잔돈이나 지갑에 남은 잔돈은 귀찮을 때가 많습니다. 이리저리 굴러다니다가 없어지는 잔돈을 돼지저금통에 모아 보십시오. 1년이 지나면 제법 큰돈이 되어 있을 겁니다.

---

re: 돈을 모으는 방법

저는 보험을 듭니다. 아무 사고가 없으면 지금은 손해 보는 느낌이지만 정말 큰일이나 사고가 생겼을 때는 보험만큼 도움이 되는 것도 없으니까요.

---

re: 돈을 모으는 방법

03 친구들이 쓴 답글 중에서 여러분과 비슷한 것이 있습니까? 또 어떤 것이 여러분에게 가장 도움이 됩니까?

02 은행에 저축하는 게 최고예요

학습 목표 ● 과제 경제 관련 글 읽고 비교하기 ● 어휘 비용 관련 어휘 ● 문법 -자면, 대로

위 그림의 사람들은 무엇을 하고 있습니까?
돈을 모으는 좋은 방법에는 어떤 것들이 있을까요?

CD2:21~22

리에 요즘 새로운 일을 시작하셔서 많이 바쁘시다면서요?

민철 네, 한국에 와 있는 외국 유학생들에게 필요한 물건을 대여해 주는 사업이에요. 리에 씨도 필요한 게 있으면 제 인터넷 사이트에 한번 들러 보세요.

리에 그런 사업을 하자면 처음에 돈이 많이 필요할 텐데 어떻게 사업 자금을 마련하셨어요?

민철 그동안 회사 다니면서 모아 두었던 돈을 좀 썼죠. 모아둔 돈 중 반은 주식 투자를 하고 반은 이번 사업 시작하는 데 썼어요.

리에 주식 투자나 사업은 위험 부담이 좀 많지 않아요? 아무래도 은행에 저축하는 게 돈 모으는 데는 최고일 것 같아요.

민철 은행 저축도 저축대로 좋은 점이 있지만 주식 투자나 사업만큼 단기간에 이익을 내기는 어렵지요.

대여
자금
마련하다
주식
위험 부담
단기간
이익

어휘

01 다음 가계부 항목에 맞는 비용을 아래에서 골라 쓰십시오.

식비 외식비	교통비	문화 레저비	육아 교육비	경조사비	세금 공과금	저축 보험	건강 의료비
						적금	

약값, 적금, 쌀값, 주유비, 등록금, 반찬값, 학원비, 병원비, 축의금, 자동차세, 의료보험료, 극장요금, 지하철요금, 자동차보험료, 아파트 관리비, 놀이공원 입장료

02 다음 글을 읽고 아래 가계부의 빈칸을 채우십시오.

이번 달에는 지난 달 보다 돈을 더 많이 쓴 것 같다. 지난 달에는 20만 원 정도 돈이 남았었는데 이번 달에는 4만 원밖에 남지 않았다. 집에서 밥을 많이 해 먹지 않아서 식비는 15만 원 정도 밖에 쓰지 않았는데 밖에서 밥을 사 먹은 돈이 30만 원이나 된다. 그리고 휘발유값이 많이 올라서 자동차 주유비도 32만 원이나 들었고 버스와 지하철 요금도 올라 이번 달에는 10만 원이나 들었다. 그리고 지난 주말에 남편하고 뮤지컬을 봤는데 그것도 16만 원이었다. 그리고 친구가 결혼을 해서 축의금으로 5만 원을 냈고 아파트 관리비와 자동차세를 50만 원 정도 냈다. 그리고 감기에 걸려 1주일 동안 병원에 다녔는데 병원비, 약값 등으로 2만 원이 들었다. 그리고 적금과 펀드에 100만 원을 넣었고 자동차보험과 의료보험으로 46만 원이 들었다. 그런데 이번 달에 남편이 월급으로 310만 원을 받았으니까 돈이 조금 밖에 남지 않은 것은 당연하다.

번호	내용	금액
1	식비, 외식비	45만 원
2	교통비	
3	생활잡비	10만 원
4	문화, 레저비	
5	육아, 교육비	X
6	경조사비	
7	세금, 공과금	
8	저축, 보험	
9	건강, 의료비	
10	기타	10만 원
	총 지출	326만 원

총 수입	전월 잔액	
	이달 수입	
총 지출	현금 지출	21만 원
	카드 지출	305만 원
총 잔액		4만 원

YONSEI KOREAN 4

문법 연습

-자면

01 다음은 여러 사람의 희망입니다. 그 꿈을 이루려면 어떻게 하는 것이 좋은지 충고하십시오.

저는 외국에 나가서 선수 생활을 하고 싶어요.

저는 춤추면서 노래하는 댄스 가수가 되고 싶어요

저는 프로게이머가 되려고 요즘 매일 10시간씩 연습하고 있어요.

저는 앞으로 삼성 같은 대기업을 경영하는 사업가가 되고 싶습니다.

저는 정치가가 되려고 하는데 사람들이 힘들 거라고들 해요.

외국에 나가서 선수 생활을 하자면 영어를 잘해야 할 거예요. 그래야 감독이나 다른 선수들과 생활하는 데 문제가 없겠죠.

대로

02 다음은 인터넷 블로그의 상담실입니다. 적당한 답글을 달아 주십시오.

1)

공지사항 Q&A 자유게시판 특별상담

상담실
- 이용방법
- 사이버상담
- 비공개상담
- 공개상담

사이버상담

부부싸움 어떻게 해결하면 좋을까요?
ID : 뿔난 엄마 2008. 4.27

남편이 주식 투자를 했다가 주가가 떨어져서 손해를 많이 봤어요.
너무 화가 나서 남편이랑 싸웠는데 그 후로 남편이 저한테 말을 안 해요.

Re: 손해를 많이 봤으니 **남편은 남편대로** 속상하실 거예요. 부인께서 먼저 남편에게 사과를 하시고 앞으로는 서로 의논해서 투자를 하도록 하세요.

2)

공지사항 Q&A 자유게시판 특별상담

상담실
- 이용방법
- 사이버상담
- 비공개상담
- 공개상담

사이버상담

부동산 안정은 언제?
ID : 무주택자 2008. 4.30

계속 아파트 값이 오르고 있는데 정부는 아무 노력도 안 하는 것 같아요.

Re: **정부는 정부대로**

3)

공지사항 Q&A 자유게시판 특별상담

상담실
- 이용방법
- 사이버상담
- 비공개상담
- 공개상담

사이버상담

잘 살려면 어떻게 해야 하나요?
ID : lhe204 2008. 5.1

저희 집은 아주 가난해서 항상 제 삶이 불행하다고 생각돼요. 부자들은 모두 행복할까요?

Re:

4)

공지사항 Q&A 자유게시판 특별상담

상담실
- 이용방법
- 사이버상담
- 비공개상담
- 공개상담

사이버상담

재테크 투자방법 상담 부탁드립니다.
ID : green7 2008. 5.2

저는 펀드에 투자하고 있는데 친구들은 부동산에 투자해야 돈을 많이 벌 수 있다고 하네요. 어떻게 하죠?

Re:

5)

공지사항 Q&A 자유게시판 특별상담

상담실
- 이용방법
- 사이버상담
- 비공개상담
- 공개상담

사이버상담

회사가 어려운데 저는 어떻게 해야 하나요?
ID : peace 2008. 5.3

불경기여서 회사 형편이 나쁜데 직원들이 일은 열심히 안 하고 월급을 올려 주지 않는다고 불평만 해요. 이런 직원들과 계속 같이 일을 할 수 있을까요?

Re:

과제 1 말하기

다음은 경제 전문가가 말하는 돈을 모으는 방법입니다. 여러분도 자신이 하고 싶은 일의 계획을 세우고, 어떻게 돈을 모을 수 있을지 [보기]와 같이 이야기해 보십시오.

돈을 모으는 방법

- ✔ 집을 사기 위해서 월급의 40%는 저축을 한다.
- ✔ 노후 자금을 모으기 위해서 30대에 연금에 가입해야 한다.
- ✔ 예상외의 지출을 생각해서 보장성 보험에 가입해야 한다.
- ✔ 짧은 시간에 은행보다 높은 수익을 올리기 위해서 적립식 펀드에 가입한다.
- ✔ 소비를 줄이기 위해서 체크카드나 현금을 사용한다.

계획	돈을 모으는 방법
유학을 가려고 한다	□ □
자동차를 사려고 한다	□ □
여러분의 계획	□ □

[보기]

상담자 : 요즘은 젊어서부터 계획적으로 돈을 모아야 한다고 하는데 전 가능하면 빨리 집을 사고 싶어요. 어떻게 해야 돈을 빨리 모을 수 있을까요?

경제 전문가 : 집을 **사자면** 월급의 40%는 꼭 저축을 해야 합니다. 그렇게 하지 않으면 목돈을 만들 수 없어요.

상담자 : 그럼, 노후 자금을 모으기 위해서는 어떻게 해야지요?

경제 전문가 : 노후 자금을 **모으자면** 30대부터 연금에 가입해야 해요. 늦게 연금에 가입하면 한 번에 내야 할 돈이 너무 많아서 부담이 될 거예요.

과제 2 읽고 말하기

01 여러분은 어떻게 돈을 모으는 것이 가장 좋은 방법이라고 생각합니까? ✔ 하고 이야기해 보십시오.

1) 무조건 안 쓴다. □

2) 은행에 저축을 한다. □

3) 사업을 한다. □

4) 부동산 투자, 주식 투자 등 돈을 벌 수 있는 곳에 투자를 한다. □

5) 기타 □

02 다음은 부자가 된 사람들의 이야기입니다. 읽고 질문에 대답하십시오.

(1) 자린고비 이야기

조선시대 가장 유명한 자린고비 조륵에 대한 이야기이다. 그는 열심히 일을 했고 또 무슨 일이든 하기만 하면 잘 돼서 곧 부자가 되었다. 그런데 조륵은 재산이 많아질수록 더 구두쇠 짓을 했다. 하루는 파리 다리에 묻은 간장이 아깝다며 좇아가 잡아서 다리에 묻은 간장을 빨아먹기까지 했다.

그러던 어느 날 밤 하인이 조륵에게 급히 달려와 족제비가 닭 한 마리를 물고 갔다고 했는데, 조륵은 그것이 하늘이 자신에게 준 복이 끝나고 앞으로 재물이 나갈 의미라고 생각했다. '재물이 빠져나갈 때는 그 이유가 있는 법이니까 이제부터 돈을 제대로 잘 써야겠구나.' 다음 날부터 그는 가난한 농부들에게 논밭을 골고루 나눠 주었다. 이 소문을 들은 왕은 그를 위해 자린고비(慈仁考碑, 어질고 자애로움을 기념하는 비석)를 세워 주었다.

65세의 나이로 세상을 떠날 때 그는 유산 하나 못 받은 아들에게 "네가 써야 할 돈은 네가 스스로 벌어서 살아라."라고 말했다.

1) 조륵은 어떻게 돈을 모았고 부자가 된 후 어떻게 생활했습니까?

2) 조륵은 왜 가난한 사람들에게 돈을 나눠 주었습니까?

(2) 봉이 김 선달 이야기

조선시대에 한양 상인들에게 대동강 물을 팔아서 유명해진 '봉이 김선달'이라는 사람의 이야기이다.

김 선달은 대동강 가에서 물을 떠다 주는 물장수를 만났을 때 기발한 아이디어가 생각났다. 그는 물장수들을 데리고 주막에 가서 술을 한 잔 사 주고 돈을 나눠 주면서 내일부터 물을 떠 갈 때마다 자기에게 한 냥씩을 달라고 했다. 그리고 이튿날부터 대동강에서 물을 떠가는 물장수들에게서 그 돈을 받았다.

이때 돈을 내지 못한 물장수는 선달에게 야단을 맞았다. 이것을 본 한양 상인들은 그 대동강이 김 선달의 것인 줄 알고 계약서까지 쓰고 황소 60마리 값에 대동강 물을 사게 된다. 그러나 김 선달은 그렇게 부자에게서 번 돈으로 어려운 사람들을 많이 도와주었기 때문에 재산은 모으지 못했다고 한다.

1) 김 선달은 어떻게 해서 대동강 물을 팔 수 있었습니까?

2) 김 선달은 왜 돈을 모으지 못했습니까?

(3) 60만원으로 100억을 번 이야기

이영우 씨는 현재 100억 원 가치의 부동산을 가지고 있는 부자이다. 이 씨의 재테크 시작은 비교적 간단했다. 어렸을 때부터 땅에 관심이 많았던 이 씨는 스무살이 되던 20년 전, 부동산 경매로 60만 원짜리 땅을 샀다. 구석진 곳에 있어서 아무도 관심이 없는 땅이었지만 그는 앞으로의 개발 가능성을 본 것이다. 결국 그곳은 주거지역으로 개발됐고 이 씨는 큰 이익을 보게 됐다. 그 이후에도 이 씨는 먼저 쓸모없는 땅을 적은 돈으로 사서 다시 땅이나 상가에 투자하는 방법으로 돈을 모았다.

그리고 일단 살 땅을 선택하면 인터넷이나 책을 통해 지식을 얻고 반드시 직접 그 곳을 찾아가 그 곳에 사는 사람들에게서 정보를 수집했다. 결국 끊임없는 공부와 열정, 노력이 있었기 때문에 그는 부자가 될 수 있었던 것이다.

1) 이영우 씨가 가장 처음 투자한 것은 무엇입니까?

2) 어떻게 이영우 씨가 부자가 될 수 있었습니까?

3) 앞의 세 이야기는 다음의 무엇과 관계가 있습니까? 이 세 사람 중 누가 가장 돈을 잘 벌고 잘 쓴 것 같습니까?

(1)번 이야기 •	• 적은 돈을 남들과 다르게 투자해서 부자가 된 사람의 이야기
(2)번 이야기 •	• 돈을 안 쓰고 모아 부자가 되었지만 그 돈을 다시 사회에 돌려 준 사람의 이야기
(3)번 이야기 •	• 부자들을 속여 돈을 번 후 그것을 다시 가난한 사람들에게 나눠 주어 자신은 부자가 되지 못했던 사람의 이야기

03 여러분은 어떻게 돈을 벌고 싶습니까? 그리고 그 돈을 어떻게 쓰겠습니까?

03 신용카드로 결제가 안 되는 바람에 당황했어요

학습 목표 ● 과제 신용카드의 장단점 듣고 요점 파악하기 ● 어휘 신용카드 관련 어휘 ● 문법 -는 바람에, -었으면야

신용카드 사용 금액

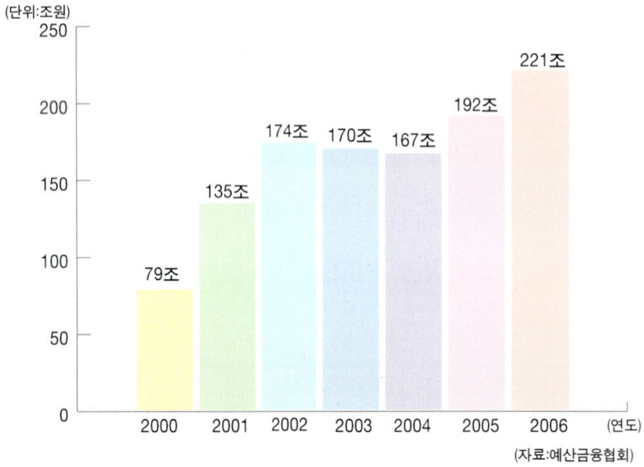

물건 구매시 결제수단 비중 (2006년)

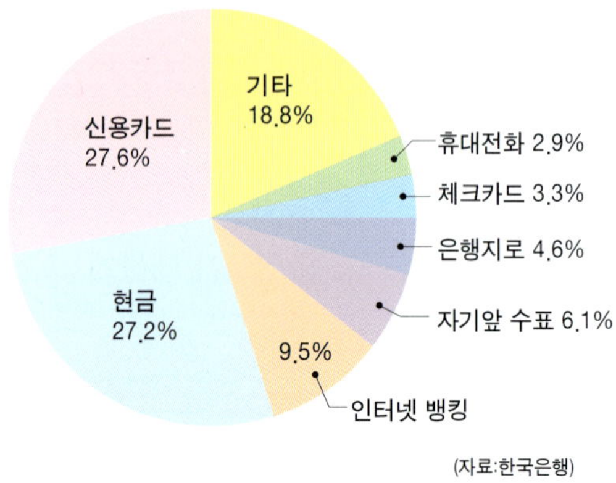

위의 도표에서 신용카드의 사용은 해마다 어떻게 되었습니까?
여러분은 물건을 산 후 어떤 방법으로 결제를 합니까?

CD2:23~24

리에 어제 데이트는 즐거웠어요?

민철 말도 마세요. 괜히 기분 내려고 호텔 식당에 갔다가 제 신용카드로 결제가 안 되는 바람에 얼마나 당황했는지 몰라요.

리에 아니, 결제가 왜 안 됐는데요?

민철 제가 최근에 돈을 좀 무절제하게 썼거든요. 그랬더니 제 카드의 사용한도가 넘어 쓸 수가 없었어요.

리에 저도 그럴까 봐 신용카드로 쓴 금액을 항상 그때그때 적어 놓아요. 그러면 제가 얼마를 썼는지 알 수 있거든요.

민철 저도 그렇게 했으면야 어제 같은 일은 없었겠죠. 아무튼 이번 일이 저한테는 아주 좋은 교훈이 됐어요.

신용카드
결제
최근
무절제하다
한도
금액
교훈

어휘

면제	적립	할부	할인	가맹점
무이자	연회비	일시불	포인트	

01 빈칸에 알맞은 어휘를 쓰십시오.

나는 얼마 전에 신용카드를 하나 만들었다. 그 카드는 영화관이나 놀이공원 입장료를 20% .... 해 주어서 나처럼 영화를 좋아하는 사람에게 좋은 것 같았다. 또 그 카드를 사용할 수 있는 가맹점에서는 항상 2~3개월 무이자 할부로 물건을 살 수 있어서 비싼 물건을 살 때 한꺼번에 돈을 지불하지 않아도 되니까 좋다. 그리고 가맹점에서 사용할 때마다 .... 이/가 많이 쌓이고, ... 된 포인트를 현금처럼 사용할 수도 있다. 2~3개월 .... 으로/로 하지 않고 한꺼번에 .... 으로/로 내는 경우에는 포인트가 두 배로 적립된다. 그리고 무엇보다도 매년 내야 하는 .... 을/를 5년 동안 .... 해 주기 때문에 좋다.

02 여러분은 어떤 카드를 만들겠습니까? 이야기해 보십시오.

(가) 카드	• 주요 백화점·할인점·면세점 등에서 2~3개월 무이자 할부 서비스 • 전국 놀이공원에서 카드 결제 시 입장권 할인 • 유명 영화관 티켓 할인
(나) 카드	• 전국 21개 리조트에서 결제 시 최고 40% 할인 • 백화점과 대형 할인점에서 최고 10% 포인트 결제 가능 • 유명 음식점에서 최고 20% 포인트 결제 가능
(다) 카드	• 대형 할인점·인터넷 쇼핑몰 3~5% 할인 • 첫해 연회비 면제 • 유명 음식점 10~20% 할인
(라) 카드	• 모든 주유소에서 5% 주유 할인 • 국내선/국제선 항공권 최고 7% 할인 • 항공사 마일리지 1,500원당 1마일 적립

문법 연습

-는 바람에

01 문장을 완성하여 이야기해 보십시오.

1) 집에서 나올 때 동생이 빨리 가자고 너무 서두르는 바람에	지갑을 집에 두고 왔어요.
2) 바람이 많이 불어서 우산이 뒤집히는 바람에	
3) 버스에서 사람들이 미는 바람에	
4)	얼마나 당황했는지 몰라요.
5)	너무 놀라서 뒤를 돌아봤어요.

1) 집에서 나올 때 동생이 빨리 가자고 너무 서두르는 바람에 지갑을 집에 두고 왔어요.

2) 바람이 많이 불어서 우산이 뒤집히는 바람에

3)

4)

5)

-었으면야/았으면야/였으면야

02 누군가 여러분이 한 일에 대해 불만이 있습니다. 그러나 여러분은 그렇게 한 이유가 있습니다. 이야기해 보십시오.

	불만		이유
부장	일할 사람이 없는데 사장이 사람을 뽑지 않은 것이 불만이다.	사장	우리 회사에서 일할 만한 사람이 없었다.
남자친구	지난 토요일이 생일이었는데 여자 친구가 선물을 주지 않아서 섭섭하다.	여자친구	남자 친구의 생일을 몰랐다.
에릭	지난 달에 결혼식을 했는데 결혼식에 미선이가 오지 않아서 섭섭하다.	미선	에릭의 결혼식 소식을 듣지 못했다.
아내	집안일이 많은데 남편이 잘 도와주지 않아서 불만이다.	남편	집안일을 도와주고 싶지만 시간이 없었다.

사장님, 요즘 일이 많은데 일할 사람을 왜 안 뽑으셨어요?

우리 회사에서 일할 만한 사람이 있었으면야 나도 사람을 뽑았을 거예요. 그런데, 우리 회사에 맞는 사람이 하나도 없었어요.

과제 1 말하기

다음 상황에 맞게 [보기]와 같이 이야기해 보십시오.

문제	이렇게 해야 합니다
• 계획성 없이 돈을 써서 이번 달 생활비가 모자란다.	• 계획을 세워서 지출한다. • 가계부를 쓴다.
• 은행 금리가 갑자기 올라서 이자 때문에 생활이 힘들다.	• 여러 은행의 정보를 알아보고 이자가 더 낮은 은행에서 돈을 빌린다. •
• 계획에도 없는 물건을 카드로 많이 사서 요즘 카드 값 갚느라고 힘들다.	• 쇼핑을 가기 전에 살 물건의 목록을 적어 가지고 간다. •
• 나쁜 소문 때문에 내가 투자한 회사의 주가가 많이 떨어졌다.	• 투자할 회사에 대해 미리 잘 알아본다. •

[보기]

가 : 요즘 왜 그렇게 힘이 없어요? 무슨 일 있어요?

나 : 제가 그 동안 계획성 없이 **돈을 쓰는 바람에** 이번 달 생활비가 많이 모자라요.

가 : 미리 계획을 세워서 지출하셨어야지요.

나 : 글쎄 말이에요. **그랬으면야** 이렇게 고생도 안할 텐데요. 앞으로는 한 달 예산을 미리 세워 보고 지출을 해야겠어요.

가 : 그리고 꼭 가계부를 쓰세요. 가계부를 쓰면 돈이 나가고 들어오는 걸 한 눈에 볼 수 있으니까 좋아요.

나 : 그래야겠어요. 오늘부터 가계부도 써야겠네요.

과제 2 듣고 말하기 [CD2:25]

01 신용카드의 장점과 단점은 무엇입니까? 이야기해 보십시오.

장점	단점
• 할부로 물건을 살 수 있다.	• 과소비를 하기 쉽다.
•	•
•	•

02 듣고 질문에 답하십시오.

1) 여자는 현금을 사용하면 어떤 점이 좋다고 했습니까? 모두 ✔ 하십시오.

❶ 대형 할인점에서 물건을 많이 살 수 있다. ☐
❷ 쇼핑을 할 때 처음 계획한 것만큼만 살 수 있다. ☐
❸ 계획을 세워서 지출할 수 있다. ☐
❹ 물건을 더 싸게 사기도 한다. ☐
❺ 이자 없이 고가의 물건을 살 수 있다. ☐

2) 여자는 신용카드를 사용했을 때에 비해 지금 경제적, 정신적으로 어떻게 달라졌다고 했습니까?

3) 남자는 신용카드의 장점을 뭐라고 이야기했습니까? 모두 ✔ 하십시오.

❶ 지금 돈이 모자라도 물건을 살 수 있다. ☐
❷ 소비를 많이 하게 하기 때문에 경제에 도움이 된다. ☐
❸ 다음 달 계획을 세울 때 신용카드 명세서를 이용할 수 있다. ☐
❹ 계획한 만큼만 돈을 지출하게 한다. ☐
❺ 돈을 나누어서 낼 수 있기 때문에 고가의 물건도 살 수 있다. ☐
❻ 할인을 받거나 하여 물건을 싸게 살 수도 있다. ☐

4) 여러분은 두 사람의 의견에 대해 어떻게 생각합니까?

03 여러분은 신용카드를 많이 사용합니까? 물건을 사기 위해 현금이나 신용카드 외에 또 어떤 것을 사용합니까? 앞으로 미래에는 어떤 것이 사용될 것이라고 생각합니까?

04 광고를 보면 사고 싶은 마음이 들게 마련이죠

학습 목표 ● 과제 광고의 특성 이해하고 광고 만들기 ● 어휘 광고 관련 어휘 ● 문법 -으나마나, -게 마련이다

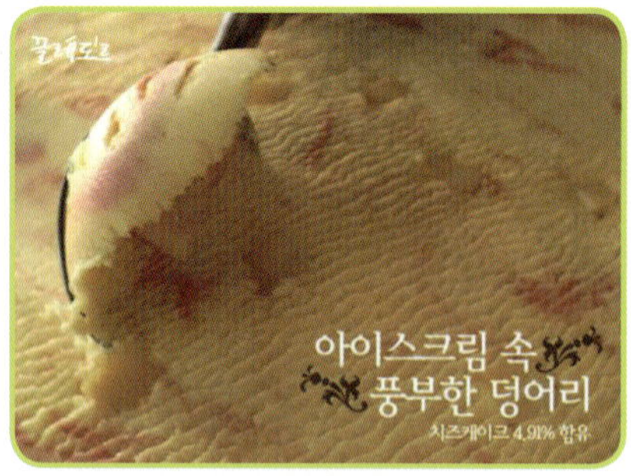

위의 광고는 무슨 광고인 것 같습니까?
여러분은 얼마나 많은 광고를 보십니까? 광고의 홍수라는 말을 들어 보셨습니까?

CD2:26~27

미선 동생이 요즘 새로 나온 게임기를 사달라고 얼마나 조르는지 귀찮아 죽겠어요. 엄마한테 말하다가 안 되니까 저한테 매일 전화를 해요.

리에 그렇게 갖고 싶다는데 웬만하면 사 주지 그래요?

미선 지금 집에 안 하는 게임기만 해도 얼마나 많은지 몰라요. 텔레비전에 게임 광고만 나왔다 하면 사 달라고 난리예요.

리에 그러면 좀 알아듣게 타이르지 그랬어요?

미선 타이르나마나예요. 쇠귀에 경 읽기예요.

리에 아직 판단력이 없는 아이들이 광고를 보면 사고 싶은 마음이 들게 마련이죠. 그러니 물건을 사 달라는 아이들만 나무랄 수는 없어요. 광고로 아이들을 자극하는 어른들이 더 문제예요.

조르다
웬만하다
난리
타이르다
쇠귀에 경 읽기
판단력
나무라다
자극하다

어휘

기업	제품	광고주	광고모델
공익광고	온라인광고	광고대행사	

01 빈칸에 알맞은 어휘를 쓰십시오.

1) □□ : 팔려고 만든 물건
이 회사에서 만드는 ~은 세계로 수출된다. 유리~, 가죽~

2) □□ : 생산이나 판매를 하는 회사
김 사장은 구멍가게를 세계적인 ~으로 키웠다. ~을 세우다, ~을 경영하다

3) □□□ : 텔레비전이나 신문에 돈을 내고 광고를 하는 사람
~가 이번에 만든 광고가 마음에 안 든다고 해서 다시 광고를 만들었다.

4) □□□□ : 사회의 모든 사람의 이익을 위해 하는 광고
금연이나 산불예방, 헌혈 광고 등이 대표적인 ~이다.

5) □□□□□ : 광고와 관련된 일을 전문적으로 하는 회사
선진국의 광고는 대부분이 ~를 통해 이루어지고 있다.

02 다음 글을 읽고 빈칸에 알맞은 어휘를 쓰십시오.

최초의 광고는 B.C(기원전) 1천 년경 테베 유적지에서 발견된 '도망간 노예 샘(Sam)을 찾아 주면 순금을 드립니다.'라고 직접 손으로 쓴 글이라고 한다. 이후 18세기에는 신문에 차, 커피, 초콜릿, 복권, 화장품, 담배 등의 광고를 했는데, 이 시기에는 신문이 대중화되어 있지 않았기 때문에 이 광고들은 특정계층의 사람들을 위한 것이었다.

19세기에는 최초의 **광고대행사** ~~이~~/가 만들어졌고 이곳에서 전문적으로 광고를 만들기 시작했다. 19세기 후반부터는 잡지광고가 많아졌는데 이 시기에 자전거를 광고하기 시작했다. 그리고 20세기 초반에는 제1차 세계대전이 있었기 때문에 군인을 모으고 애국심을 높이기 위한 ______________ 을/를 많이 했다. 그리고 전쟁 이후에는 술, 냉장고, 여성 속옷 등의 광고를 시작했다.

1960년대는 TV광고가 시작되었고 이때부터 유명 배우나 가수 등이 ______________ 으로/로 나오기 시작했다. 그리고 1980년대에는 케이블 TV, 위성방송, 컴퓨터통신 등의 발달로 광고도 다양해졌다. 1990년대 이후부터는 인터넷의 보급으로 대중들에게 미치는 광고의 효과는 더욱 커졌고, 인터넷을 통한 ______________ 은/는 광고 산업에 큰 영향을 미치고 있다.

문법 연습

-으나마나/나마나

01 여러분이 다음과 같은 생각을 가지고 있다면 친구의 질문에 어떻게 대답하겠습니까?

- 이번 면접시험에 나는 또 떨어졌을 것이다.
- 영수는 민호를 좋아하지 않기 때문에 오늘 민호 생일 파티에 안 올 것이다.
- 박 선생님은 틀림없이 애인이 있을 것이다.
- 친구에게 빨간색 옷이 참 잘 어울린다.
- 김 사장님은 절대로 남의 부탁을 들어 주지 않는다.

오늘이 면접시험 결과 발표하는 날이잖아요.
결과가 어떻게 됐나 안 가 보실 거예요?

민호의 생일 파티를 시작해야 하는데 영수가 안 오네.
조금만 더 기다려 볼까?

박 선생님을 마음에 들어 하는 사람이 있는데 박 선생님에게 애인이 있는지 한번 물어 볼까?

이 빨간색 옷이 나한테 잘 어울릴 것 같니?
한번 입어 볼까?

요즘 회사 형편이 너무 안 좋은데 김 사장님께 자금 좀 부탁해 볼까?

가보나마나 또 떨어졌을 텐데요 뭐. 저는 안 가 볼 거예요.

-게 마련이다

02 여러분이 아내가 되어 이야기해 보십시오.

1)

2)

3)

4)

과제 1 말하기

여러분이 다음 물건들을 팔려는 영업사원과 영업사원의 말을 믿지 않는 고객이 되어 [보기]와 같이 이야기해 보십시오.

[보기]

영업사원 : 저희 아이도스 스포츠가 이번에 30% 특별 세일을 합니다. 자주 오는 기회가 아니니까 저희 매장에 오셔서 꼭 하나 구입하세요.

손님 : 매장에 **가보나마나** 철 지난 상품만 세일을 할 텐데요 뭐.

영업사원 : 아니에요. 이번 세일은 저희 회사 창립기념 고객 감사세일이기 때문에 신상품도 많아요.

손님 : 운동화도 세일을 해요?

영업사원 : 그럼요. 특별히 올해 인기 있었던 운동화를 싸게 판매하고 있어요.

손님 : 아이들 운동화도 있어요?

영업사원 : 아이들 운동화는 많지 않으니까 빨리 오셔야 구입하실 수 있을 거예요.

과제 2 읽고 말하기

01 다음은 무슨 광고입니까?

식품 광고　의류 광고　주류 광고　의약품 광고　항공사 광고
건설회사 광고　유통회사 광고　검색 사이트 광고　이동통신사 광고

02 다음은 위 광고들 중 어떤 광고에 대한 문구로 좋을까요? 왜 그렇게 생각하십니까?

사하라 사막에 오페라하우스
못 지으란 법 어디 있어?

의사도 챙기는 상비약
의사 선생님의 주머니엔
항상 **이 있습니다.

너희들 정말 이렇게밖에
못 찾아?

사람과 사람
그리고
행복한 커뮤니케이션

부드러운 말 한 마디
부드러운 술 한 잔
모두 친구가 된다

03 다음 제품의 광고를 여러분이 직접 만들어 보십시오.

제품명	날씬면
제조회사	연세식품
제품 소비계층	10대~30대 다이어트를 하고 싶어하는 여성
가격	1,500원 (다른 라면에 비해 비싼 편이다)
제품 특징	• 면을 기름에 튀기지 않았다. • 녹차를 넣어 면을 만들었다. • 칼로리가 높지 않다. • 스프에 몸에 좋은 12가지 야채를 넣었고 화학조미료와 소금을 넣지 않았다.

1) 다음 빈칸을 채우고 이야기해 보십시오.

광고주	광고 시청 대상	광고 모델	광고 종류	광고 문구
연세식품			잡지광고	
이유			젊은 여성들은 패션 잡지 같은 것을 많이 읽기 때문에	

2) 여러분이 직접 제품을 선택해서 광고를 만들어 보십시오.

제품명

제조회사

제품 소비계층

가격

제품 특징

-
-
-
-

광고주	광고 시청 대상	광고 모델	광고 종류	광고 문구
이유				

05 정리해 봅시다

• 어휘

01 다음 어휘들을 서로 연결하여 의미 있는 문장을 만드십시오.

주식/위험 부담	무절제하다/신용카드	자금/마련하다
신용카드/한도	형편/절약하다	단기간/이익

1) **주식** 투자는 **위험 부담**이 크다.
2) **무절제하게 신용카드**를 써서 ______________.
3) 사업 **자금**을 ______________.
4) ______________.
5) ______________.
6) ______________.

02 빈칸에 알맞은 어휘를 쓰십시오.

조르다	판단력	흔하다	나무라다
쑥스럽다	웬만하다	타이르다	쇠귀에 경 읽기

1) 별로 한 일도 없는데 주위에서 열심히 일했다고 칭찬을 하시니 무척 ______________는군요/군요.
2) 요즘 세상에 그렇게 부모님께 잘하는 효자가 ______________은가요?/ㄴ가요?
3) 우리 아들이 요즘 TV에 나오는 장난감 로봇을 사달라고 매일 ______________지만 나는 안 사줄 생각이야.
4) 너도 바쁜 건 알지만 친한 친구의 부탁이니까 ______________으면/면 들어 주지 그러니?
5) 아이가 말을 안 들을 때는 때리지 말고 알아듣게 잘 ______________어야/아야/여야 해요.
6) 아무리 방 청소 좀 하라고 해도 안 하니 ______________는군요/군요.
7) 나이가 들면 점점 ______________이/가 흐려진다고 한다.
8) 내가 동생하고 싸우면 엄마는 무조건 나만 ______________는다/ㄴ다.

• 문법

다음 상황에 맞게 대화를 완성하십시오.

재민이는 이번에 집값의 반 정도를 대출 받아서 집을 샀는데 사람들의 축하를 받으니 쑥스러웠다. 친구는 반이라도 3년 만에 돈을 모아서 집을 샀으니까 축하 받는 것은 당연하다고 한다. 민수는 돈을 모으려면 많이 버는 것도 중요하지만 안 쓰고 저축하는 것이 가장 중요하다고 생각한다.

친구 : 재민아, 이번에 집을 샀다면서? 축하해.

재민 : 축하는. ______________________ 을/ㄹ 따름이야.

친구 : 무슨 말이야? ______________________ 으니만큼/니만큼 축하 받는 것은 당연하지. 그런데 어떻게 하면 너처럼 빨리 돈을 모아 집을 살 수 있을까?

재민 : ______________ 자면 ______________________.

지영 씨의 남편이 주식 투자를 했는데 투자한 회사가 부도가 나서 손해를 봤다. 그런데 남편은 지영 씨한테 미안해 하지도 않고 오히려 화를 냈다. 지영 씨 친구는 남편도 속상해서 그렇게 했을 거라고 위로한다.

지영 : 남편이 주식 투자를 했는데 ______________________ 는 바람에 손해를 많이 봤어.

친구 : 그럼 남편이 많이 미안해 하겠구나.

지영 : ______________________ 었으면야/았으면야/였으면야 ______________ 오히려 돈 좀 잃은 걸 가지고 뭘 그러냐며 나한테 화를 내잖아.

친구 : ______________________ 대로 너한테 미안해서 그랬을 거야.

지수는 광고만 보고 다이어트 약을 세 달치 샀는데 효과가 없어서 남은 두 달치라도 환불하려고 한다. 친구는 광고만 보고 사면 그런 일이 생길 수밖에 없고 전화해도 환불해 주지 않을 거라고 한다.

지수 : 인터넷 광고만 보고 다이어트 약을 세 달치 샀는데, 한 달만 먹어도 5kg이 빠진다 더니 1kg도 안 빠지고 오히려 배만 아파.

친구 : .... 게 마련이야.

지수 : 안 되겠어. 나머지 두 달치라도 환불해 달라고 전화해야지.

친구 : ....으나마나/나마나 ....

• 읽고 이해하기

01 다음 기사 제목을 보고 기사를 고르십시오.

- 서민들의 체감 경기 안 살아나 (　　　)
- 경기 침체 가능성 높아졌다 (　　　)
- 저축률 24년 만에 최저. 성장 줄어 (　　　)

❶

올해의 경기 침체가 내년에도 계속될 것으로 보인다. 올해 소비와 지출 증가율이 4년 만에 가장 낮았으며 내년에는 증가 속도가 더 느려질 것으로 보인다. 미래가 불확실해지면서 소비를 줄이고 미래에 대비한 저축을 늘릴 것이란 게 이유다.

❷

경기가 회복되고 있는데도 서민들이 느끼는 체감 경기가 되살아나지 않고 있다. 이의 가장 큰 이유는 소비가 늘어나지 않고 있기 때문이다. 소비가 늘어나지 않음으로 인해 도·소매업 매출이 증가하지 않게 되고, 국민은 실제 경기가 회복되고 있음을 피부로 느끼지 못하게 되는 것이다.

❸

최근 저축률이 줄어 경제 성장이 느려지고 있다. 소비가 늘어나야 경제가 잘 돌아가니만큼 경기가 어려울 때는 저축률보다 소비지출이 늘어나는 게 경기에 도움도 된다. 그러나 장기적으로 봤을 때 저축이 줄어들면 해외에서 자본을 빌려와야 하기 때문에 경제에 부담을 많이 주게 된다고 한국은행은 경고했다.

02 다음 글을 읽고 앞의 기사를 근거로 [보기]처럼 이야기해 보십시오.

옛날부터 근검절약은 우리가 지켜야 할 미덕 중 하나였다. 그 절약의 정신이 저축으로 이어지고 그 저축으로 경제가 발전할 수 있다고 생각했다. 그래서 과소비나 낭비는 사회적으로 나쁜 것으로 생각되기도 했다. 그러면 사회 전체의 입장에서 볼 때 절약하여 저축을 늘리는 것이 경제에 도움이 될까?

[보기]

저는 저축보다는 소비를 하는 것이 경제에 더 큰 도움이 된다고 생각합니다. 왜냐하면, 저축을 너무 많이 하면 도·소매업의 매출이 줄고 경기가 침체될 수 있기 때문입니다. 따라서 과소비나 낭비를 하지 않는다면 적당한 소비는 우리 경제를 위해 꼭 필요하다고 생각합니다.

문화

한국의 속담에 나타난 경제 의식

속담이란 예로부터 내려오는 조상들의 지혜의 결정체라 할 수 있습니다. 속담을 통해 조상들은 후손들에게 주의해야 할 것들에 대한 경계를 대대손손 전하게 되는 것입니다. 한국의 속담 중에서 '싼 게 비지떡'이라는 속담이 있는데 물건을 살 때 싸다고 해서 무조건 샀다가는 물건의 질이 나빠 낭패를 볼 수 있다는 의미입니다. 또 '갓 사러 갔다가 망건 산다'라는 속담도 충동 구매에 대한 경계를 하는 것으로 이들 두 속담은 비합리적인 소비에 대해 경계를 하는 속담입니다. 반면 '열 번 재고 가위질은 한 번 하라'라는 속담이 있는데, 이는 물건을 고를 때 여러 조건을 잘 살피고 고려한 후 최선을 선택함으로써 소비생활의 절제, 신중, 합리성을 추구할 것을 강조하는 것입니다. 그리고 '같은 값이면 다홍치마'라

같은 값이면 다홍치마

싼 게 비지떡

가을 부채는 시세가 없다

돌고 도는 게 돈이다

는 속담이 있는데, 이는 물건을 고를 때 값이 같으면 좀 더 좋은 물건을 선택하라는 뜻입니다. 이들 두 속담은 소비를 할 때 좀 더 합리적으로 소비해야 함을 강조하고 있습니다.

이렇게 한국의 속담 속에는 후손에 대한 경계와 함께 경제 원리가 담겨져 있습니다. 경제 원리가 담겨진 또 다른 예로는 '개똥도 약에 쓰려면 없다'라는 속담이 있는데, 이 속담은 아무리 흔하고 많던 물건도 수요가 많아지면 자연히 공급이 부족하게 되는 경제 원리를 잘 설명해 주는 속담입니다. 또 수요와 공급 그리고 가격과의 관계를 잘 설명해 주는 속담으로는 '흉년의 떡도 많이 나면 싸다', '가을 부채는 시세가 없다' 등의 속담이 있습니다. 전자는 공급이 너무 많으면 가격이 내려가는 원리를, 후자는 수요가 없으면 가격이 내려가는 원리를 설명해 주는 속담입니다. 이 외에도 화폐의 유통 기능을 강조한 '돌고 도는 게 돈이다'라는 속담이나 많은 투자를 해야 이익을 낼 수 있음을 설명해 주는 '돈이 돈을 번다'라는 속담 등이 있습니다.

1. 여러분 나라에도 경제의식이 들어 있는 속담이 있습니까? 그런 속담을 찾아 보십시오.

2. 왜 그런 속담이 생겼을까요?

문법 설명

01 –을/ㄹ 따름이다

문장에서의 상황 외에 다른 가능성이나 상황이 없으며, 다른 선택이나 상황은 제외함을 나타낸다. 문장에서의 상황을 강조할 때도 쓴다. 받침 있는 용언 뒤에는 '–을 따름이다', 받침 없는 용언 뒤에는 '–ㄹ 따름이다'를 쓴다.

- 그 남자는 조금도 움직이지 않고 하늘만 올려다 볼 따름이었다.
- 저에게는 아무 권한도 없습니다. 저는 책임자가 아니고 보조 역할일 따름입니다.
- 내가 이 일을 한 다른 이유는 없어. 다만 너를 위해 이 일을 하고 싶었을 따름이야.
- 제가 그걸 먹고 싶어서 먹은 건 아닙니다. 다만 사람들이 먹으라고 해서 먹었을 따름입니다.
- 고맙기는요. 오히려 더 많은 도움을 드리지 못해 죄송할 따름입니다.

02 –으니만큼/니만큼

앞 문장의 내용이 이유나 원인이 되어 그에 상응하는 결과가 뒤 문장에 나타날 때 쓴다. 받침 있는 용언 뒤에는 '–으니만큼', 받침 없는 용언 뒤에는 '–니만큼'을 쓴다.

- 오늘은 출근 첫날이니만큼 많이 긴장될 겁니다.
- 이제 너도 한 살 더 먹었으니만큼 철이 좀 들어야지.
- 그 집은 번화가에 있으니만큼 집값이 꽤 비싸다고 해요.
- 남보다 열심히 노력했으니만큼 좋은 결과가 나올 거예요.
- 그 때는 낮에는 돈 벌고 밤에는 야간 대학원에까지 다니던 때이니만큼 집에 돌아오면 자리에 누울 힘도 없었을 때였다.

03 -자면

어떤 의도나 목적을 가정하여 그 조건에 따라 어떤 행위를 하려고 할 때 뒷 문장에 그러한 조건을 기술할 때 쓴다.

- 경제를 살리자면 투자를 늘리는 게 최우선입니다.
- 이런 불경기에 기업이 살아남자면 기업인과 노동자 모두의 노력이 필요하다.
- 그림 공부를 제대로 하자면 해외 유학을 가는 게 좋을 것 같다.
- 큰 정치를 하자면 사소한 일에 너무 신경 쓰지 않는 게 좋다.
- 교육이 제대로 되자면 무엇보다도 지금의 입시 위주의 교육이 없어져야 한다.

04 대로

보통 앞에 '는/은'과 함께 쓰여서 그것과 따로따로 구별되어 다른 특성이 있음을 나타낸다.

- 종이는 종이대로 병은 병대로 따로 따로 버려야 한다.
- 아이들은 아이들대로 부모들은 부모들대로 따로 식사를 한 후 만나기로 했다.
- 떠난 사람은 떠난 사람이고, 나는 나대로 내 살 길을 찾아봐야겠지.
- 기업은 기업대로 인재를 구하기 어렵다고 하고, 취업 희망자들은 취업 희망자들대로 취업의 문이 너무 좁다고들 하고 있다.
- 중국학자는 중국학자대로 한국학자는 한국학자대로 역사에 대해 다른 목소리를 내고 있다.

05 -는 바람에

앞 문장이 원인이 되어 뒷 문장의 결과에 부정적인 영향을 미칠 때 쓴다.

- 서둘러서 나오는 바람에 집에 지갑을 놓고 나왔어요.
- 사람들이 갑자기 입구로 몰리는 바람에 사고가 발생했다.
- 갑자기 비가 내리는 바람에 예정했던 행사를 모두 취소했다.
- 지원자가 늘어나는 바람에 채점하는 데 시간이 많이 걸렸다.
- 그녀는 아버지의 회사가 부도나는 바람에 시골로 내려와 살게 되었다.

06 –었으면야/았으면야/였으면야

지난 일에 대한 가정을 나타낼 때 쓴다. 앞 문장에는 지난 일의 반대의 사실에 대한 가정을 나타내며, 뒷 문장에는 이루어지지 않은 일, 즉 현재 사실의 반대를 나타낸다. '야'는 강조의 뜻을 나타내는 보조사로 '–었으면'의 가정의 의미를 더 강하게 하는 역할을 한다.

- 실수만 하지 않았으면야 제가 당연히 합격을 했을 거예요.
- 그때 그녀와 헤어지지 않았으면야 지금쯤 행복한 가정을 꾸리고 살았을 테지.
- 그때 저에게 위로 한마디라도 해 주었으면야 제가 이렇게 섭섭하지는 않았을 겁니다.
- 미리 나한테 의논을 했으면야 내가 그 일을 알아서 처리해 주었을 텐데 왜 의논을 하지 않았어?
- 옛날만 같았으면야 나 정도 실력이면 벌써 취직을 했을 텐데. 요즘은 옛날하고 달라서 취직하기가 정말 어렵다.

07 –으나마나/나마나

앞에 결합되는 동사의 내용과는 상관없이 뒤의 결과는 동일함을 나타낼 때 쓴다. 앞의 동사의 행위 여부와 상관없이 확실하게 결과를 추측할 수 있을 때 쓴다.

- 가 : 이번 주말에 축구 경기를 해 봅시다.
  나 : 그 경기는 하나마나 우리 팀이 이길 거예요.
- 가 : 그 실험 결과는 믿을 수 없어요. 다시 한번 해 봅시다.
  나 : 해 보나마나 결과가 같을 거예요.
- 가 : 이번 달에 어느 정도 이익이 났는지 계산해 봅시다.
  나 : 계산해 보나마나 이번 달은 손해일 거예요.
- 가 : 배 고프면 여기 있는 초콜릿을 좀 먹어요.
  나 : 그 정도로는 너무 양이 적어서 먹으나마나일 거예요.
- 가 : 아버님께 환갑 잔치를 어떻게 하실 건지 여쭤 봅시다.
  나 : 여쭤보나마나예요. 분명히 집에서 하자고 하실 거예요.

06 -게 마련이다

결과적으로 그러한 일이 생기는 것이 당연할 때 쓴다. '-기 마련이다'로 바꿔 쓸 수 있다.

- 진실은 반드시 이기게 마련입니다.
- 세월이 지나면 모든 게 변하게 마련이에요.
- 물가가 오르면 소비를 줄이게 마련이에요.
- 원인이 있으면 반드시 결과가 있게 마련입니다.
- 조사도 제대로 하지 않고 투자를 하면 손해를 보게 마련입니다.

제9과 명절과 축제

01 복 많이 받으라고 덕담을 하지요

학습 목표 ● 과제 명절 이야기 읽고 이해하기 ● 어휘 설 관련 어휘 ● 문법 -으라고, -는다든가

한국의 설날 모습은 어떻습니까? 무엇을 합니까?
여러분 나라에서는 새해의 첫날 무엇을 합니까?

CD2:28~29

마리아 설날 뭐하고 지낼 거예요? 집에 무슨 행사가 있어요?

민철 우리 아버지가 장손이라서 친척들이 모여 차례를 지내요. 그 후에 어른들께 세배를 드리고 떡국을 먹지요. 떡국을 먹어야 나이 한 살 더 먹었다고 해요.

마리아 그럼 저는 설날 떡국을 안 먹어야겠네요. 나이 먹는 거 싫으니까요. 그런데 세배는 누구나 다 해요?

민철 보통 세배는 아랫사람이 어른들에게 하는 거예요. 그리고 세배를 받은 어른이 먼저 복 많이 받으라고 덕담을 하지요.

마리아 우리는 가족, 친지들과 음식을 나눠 먹고 게임을 한다든가 관심사에 대한 얘기를 한다든가 해요. 아니면 텔레비전에서 운동경기를 보기도 하고요.

민철 우리도 오후에는 가족들이 모여서 놀이를 하거나 TV를 봐요.

장손
차례
세배
떡국
덕담
친지
관심사

어휘

덕담	설날	설빔	성묘	세배	차례	귀성객	세뱃돈

01 다음 어휘의 설명으로 맞는 것과 연결하십시오.

1) 세배 •	• 윗사람이 아랫사람 잘 되기를 바라며 해 주는 말.
2) 차례 •	• 설날이나 추석에 간단하게 지내는 제사.
3) 귀성객 •	• 명절에 고향으로 돌아가는 사람들.
4) 덕담 •	• 새해에 웃어른께 인사로 하는 절.
5) 설날 •	• 한국의 명절로 음력 1월 1일.
6) 성묘 •	• 설을 맞이하여 새로 준비하는 옷이나 신발.
7) 설빔 •	• 세배를 받은 어른이 세배한 아랫사람에게 주는 돈.
8) 세뱃돈 •	• 설날이나 추석 등에 조상의 산소를 찾아감.

02 빈칸에 알맞은 어휘를 쓰십시오.

한국에서는 음력 1월 1일이 설날이다. 보통 설날 연휴는 3일인데 늘 고향으로 가려는 귀성객 으로/로 역이나 터미널이 만원이다. 설날에 고향에 가는 사람들은 새 옷이나 신발 같은 ________ 을/를 준비하고 가족과 친지들에게 줄 선물을 마련하느라 분주하다.

설날 아침에는 가족들이 모여 ________ 을/를 지내는 집들이 있다. 차례를 지낸 후에 어른들께 ________ 을/를 드리는데 이때 어른들은 새해에 더 잘 되기를 바라는 마음에서 ________ 을/를 해 주신다. 그리고 아이들에게는 ________ 을/를 준다.

세배가 끝나면 가족들이 모여 앉아 떡국을 먹는데 이걸 먹으면 나이를 한 살 더 먹는다고 한다. 그리고 그 후에 조상들에게 인사를 드리러 성묘를 하러 가는 사람들도 있다.

YONSEI KOREAN 4

문법 연습

-으라고/라고

01 여러분 친구가 다음과 같은 고민이 있습니다. 여러분이라면 어떻게 해 주시겠습니까?

친구	친구의 고민이나 어려운 일	어떻게 해 줄까?
웨이	아침에 일찍 못 일어나서 매일 지각한다.	알람시계를 사 준다.
민호	수업을 제대로 듣지 못할 정도로 자주 존다.	
영수	다음 주에 입사 시험을 본다.	
미선	키가 작다.	

웨이는 아침에 일찍 일어나지 못하니까 아침에 좀 일찍 일어나라고 알람시계를 사 줘야겠어요. 그리고 민호는 ....

....

....

....

-는다든가/ㄴ다든가/다든가

02 여러분은 다음과 같은 경우에 무엇을 합니까?

	무엇을 합니까?	
방학 때	아르바이트	여행
심심할 때	친구와 수다떨기	비디오 보기
스트레스가 쌓일 때		
일이 계획대로 안 될 때		
경제적으로 여유가 생겼을 때		

방학 때 뭘 하세요?

저는 방학 때 아르바이트를 한다든가 여행을 간다든가 해요.

과제 1 말하기

다음은 한국의 풍습에 대한 이야기입니다. 여러분 나라의 풍습에 대해 [보기]와 같이 이야기해 보십시오.

나라	무엇을 합니까?	왜 합니까?
한국	설날에 연날리기를 할 때 연줄을 끊어 연을 날려 보낸다	집안의 액운이 사라지고 복이 오라고 그렇게 한다.
	결혼식 날 국수를 먹는다.	신랑, 신부가 오래오래 살라고 그렇게 한다.
	새로 이사한 집에 갈 때 비누를 사 가지고 간다.	부자가 되라고 그렇게 한다.
여러분 나라		

[보기]

한국에는 특별한 날 하는 특별한 풍습이 있습니다. 설날에는 연날리기를 할 때 연줄을 끊어 날려 보내는데 그건 1년 동안의 액운이 사라지고 복이 **오라고** 그렇게 합니다. 결혼식 날에는 신랑과 신부가 오래오래 행복하게 **살라고** 결혼식에 온 하객들에게 국수를 줍니다. 그리고 새로 이사한 집에 갈 때는 비누 거품처럼 크게 일어나 부자가 **되라고** 비누를 사 가지고 갑니다.

과제 2 읽고 말하기

01 여러분 집에서는 설날 때 어떻게 지냅니까?

02 다음 이야기를 읽고 질문에 답하십시오.

새해 첫날 1월 1일은 설날이다. 설날은 한 해가 시작된다는 의미에서 매우 뜻 깊은 날로 오래 전부터 우리 민족이 소중히 여겨오던 명절이다. 이 날에는 한 해의 복을 빌고 덕담을 주고받는다.

설날에 가장 먼저 하는 일은 돌아가신 조상을 생각하며 차례를 지내는 일이다. 차례는 웃어른을 존경하는 풍습으로 차례를 지낼 때는 설빔을 곱게 차려 입고 돌아가신 조상들에게 큰 절을 올린다. 차례를 드리는 제사상에는 떡국을 비롯한 여러 가지 음식을 놓는다.

차례가 끝나면 웃어른들께 새해 인사를 드린다. 가족들이 모여 어른들을 존경하는 마음을 가지고 예의바르게 세배를 드리는데 세배를 드리면서 어른들에게 "새해 복 많이 받으세요"라든가 "올해에도 건강하십시오"와 같은 인사말을 한다. 그러면 어른들도 "건강해라", "소원성취해라"등과 같은 덕담을 해 준다. 덕담을 많이 주고받으면 일년 내내 좋은 얘기를 많이 듣는다고 한다. 그리고 세배가 끝나면 아이들에게 세뱃돈을 주는데 이건 저축하는 습관을 길러 주기 위해서 시작되었다고 한다.

요즘에는 바쁘거나 멀리 떨어져 있어 세배를 가지 못하면 미리 연하장을 보내 세배를 대신하기도 한다.

세배가 끝나면 가족들이 모여 앉아 차례를 지낸 떡국으로 아침을 먹는다. 이 날에는 어른들이 어린이나 젊은 사람들에게 "너 떡국 몇 그릇 먹었니?"하고 물어보기도 하는데 그건 "너 몇 살이니?"의 의미이므로 "저는 올해 몇 살이 됩니다."하고 대답해야 한다. 그러지 않고 "한 그릇 먹었습니다"하면 아주 우스워지기도 한다.

집안의 어른들에게 세배를 드리고 나면 그 후에 가까운 이웃이나 친척 어른들을 찾아뵙고 세배를 드린다. 이것 역시 웃어른을 존경하는 풍습에서 나온 것이다.

1) 설날 풍습의 의미를 써 보십시오.

풍습	의미
차례를 지낸다	돌아가신 조상을 생각한다
덕담을 나눈다	
세뱃돈을 준다	

03 여러분 나라에는 설날 어떤 풍습이 있는지 표에 쓰고 [보기]와 같이 이야기해 보십시오.

	음식	놀이	풍습
한국	떡국	윷놀이, 연날리기	차례, 세배, 세뱃돈
베트남	반뗏	카드놀이	제사, 성묘, 세뱃돈, 덕담
여러분 나라			

[보기]

한국의 설날 음식으로는 떡국이 있고 놀이는 윷놀이, 연날리기 등이 있습니다. 이 날에는 조상들께 차례를 지내고 웃어른들께 세배를 하는 풍습이 있으며 아이들에게는 세뱃돈을 주기도 하지요.

베트남에서는 설날에 가족들이 모여 '반뗏'이라는 음식을 먹고 카드놀이를 해요. 세배하는 풍습은 없는데 아이들에게 덕담을 하면서 세뱃돈을 주는 것은 한국과 같아요.

02 추석 때는 고속도로가 붐벼요

학습 목표 ● 과제 명절에 대해 조사하고 발표하기 ● 어휘 접두사 ● 문법 왜 -지 않겠어요? / 으로 봐서는

한국의 추석에 대해 아는 것을 이야기해 보십시오.
여러분 나라에도 추석과 비슷한 명절이 있습니까?

CD2:30~31

친구 차가 너무 밀린다. 보통 주말보다 길이 더 막히는 것 같아.

미선 명절 때는 너 나 할 것 없이 가족을 찾아 고향에 가니까 고속도로가 왜 붐비지 않겠니? 추석에는 귀성행렬로 고속도로가 늘 붐벼.

친구 고향까지 얼마나 걸릴 것 같아?

미선 지금 가는 속도로 봐서는 우리 고향까지 다섯 시간 넘게 걸리겠는데. 그런데 태국에도 추석과 같은 명절이 있어?

친구 우리나라에는 추석과 같은 명절이 없어. 아마 우리나라가 열대지방 이라서 1년 내내 농사를 지을 수 있기 때문에 그런 게 아닐까 싶어.

미선 그래? 난 몰랐던 사실이야. 다른 나라의 명절을 보면 그 나라의 문화를 알고 이해하는 데에 도움이 되는 것 같아.

너 나 할 것 없이
추석
귀성 행렬
붐비다
열대지방
내내

어휘

01 다음 접두사의 뜻은 무엇일까요? 설명으로 맞는 것과 연결하십시오.

1) 햇- : 햇곡식 • ········ • 곡식 중에 그 해에 처음 나온

2) 맨- : 맨발 • • 형제 중에 가장 위의

3) 맏- : 맏아들 • • 처음의

4) 첫- : 첫사랑 • • 다른 것이 없이

02 다음의 접두사와 어울릴 수 있는 말을 골라 아래에 쓰십시오.

눈	딸	밥	사위	감자	과일
입	인상	주먹	출발	고구마	며느리

햇-	맨-	맏-	첫-
			첫눈

문법 연습

왜 -지 않겠어요?

01 질문에 대답하십시오.

1) 가 : 오늘 오후에 면접 시험을 보신다면서요? 떨리지 않으세요?
   나 : 왜 떨리지 않겠어요? 어제 한잠도 못 잤어요.

2) 가 : 해외공연으로 1년 중 열 달 이상을 외국에 계시는데요, 고향이 그립지 않으세요?
   나 : ____________? 가족도 보고 싶고 김치도 먹고 싶어요. 하지만 일을 좋아해서 즐겁게 지내는 편입니다.

3) 가 : 계속 등반을 하시는데 가족들이 걱정하지 않나요?
   나 : ____________? 그래도 잘 이해해 줍니다.

4) 가 : 영수 씨가 취직 시험에 떨어져서 많이 실망했나 봐요.
   나 : ____________? ____________.

5) 가 : 민철 씨가 자기 사업을 시작하더니 눈 코 뜰 새 없이 바쁜가 봐요.
   나 : ____________? ____________.

으로 봐서는

02 대화에 맞게 알맞은 것을 골라 대답하십시오.

표정으로 봐서는 / 분위기로 봐서는 / 옷차림으로 봐서는 / 현재 실력으로 봐서는 / 검사 결과로 봐서는 / 외모로 봐서는 / 사진으로 봐서는

1) 

가 : 이 사람은 지금 어떤 것 같아요?
나 : 표정으로 봐서는 놀란 것 같습니다.

2) 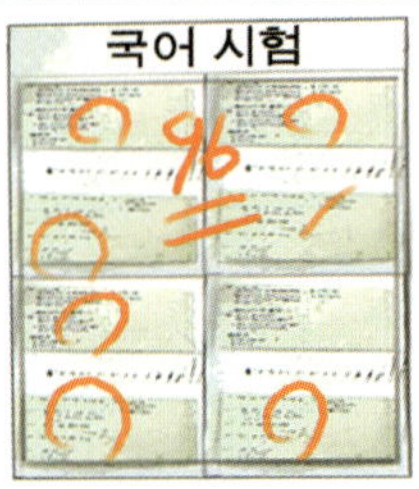

가 : 선생님, 제가 원하는 대학교에 갈 수 있을까요?
나 : ……………………………………

3) 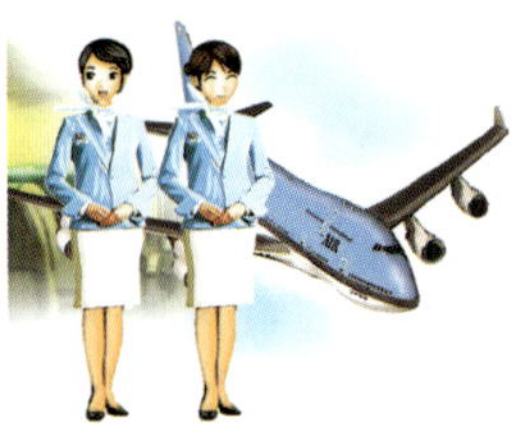

가 : 이 사람은 직업이 뭘까요?
나 : ……………………………………

4) 

가 : 선생님, 제 몸이 어떤가요?
나 : ……………………………………

5) 

가 : 이 두 사람은 어떤 사이일까요?
나 : ……………………………………

과제 1 말하기

다음은 명절날 사진입니다. 사진을 보고 명절에 대해서 추측해 보십시오. 그리고 각 사진의 설명을 읽은 후 [보기]와 같이 친구와 서로 확인해 보십시오.

(1)

		추측	확인
1	나라	한국	한국
	시기	봄이나 가을	가을
	명절	설날	추석
	행사	세배	차례

(2)

		추측	확인
2	나라		
	시기		
	명절		
	행사		

(3)

		추측	확인
3	나라		
	시기		
	명절		
	행사		

[보기]

가 : 이 사진에 나오는 사람들의 옷 차림**으로 봐서는** 한국인 것 같은데 맞아요?

나 : 네, 맞아요. 한국의 명절 사진이에요.

가 : 그리고 사람들이 긴팔 옷을 **입은 것으로 봐서는** 여름은 아닌 것 같은데 맞아요?

나 : 네, 맞아요.

가 : 그리고 사람들이 세배를 **하는 것으로 봐서는** 설날인 것 같은데 맞아요?

나 : 아니에요. 이것은 세배를 하는 게 아니라 추석에 차례를 지내는 거예요.

과제 2 쓰고 말하기

01 다음은 추석에 대한 소개입니다. 여러분 나라의 명절에 대해서 간단히 써 보십시오.

	추석	여러분 나라의 명절
기원	• 신라시대의 '가윗날'에서 비롯됨. (7월 15일에 편을 나눠 길쌈을 하고, 8월 15일에 진 편이 이긴 편에게 술과 음식을 대접하며 잔치를 벌이고 여러 가지 행사를 했다고 함)	•
행사	• 아침에 조상에게 차례를 지냄. • 조상의 산소에 가서 성묘를 함.	• •
놀이	• 강강술래, 소싸움, 거북놀이	•
음식	• 송편, 토란국 등	•

02 앞에 쓴 것을 이용하여 다음과 같이 여러분 나라의 명절에 대한 발표지를 만들어 보십시오.

추석의 기원

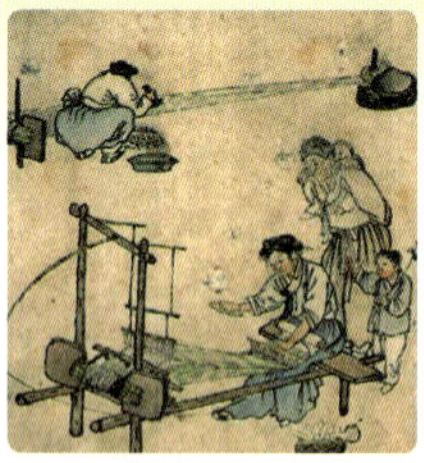

신라시대의 '가윗날'에서 비롯됨.

7월 15일에 편을 나눠 길쌈을 하고, 8월 15일에 진 편이 이긴 편에게 술과 음식을 대접하며, 잔치를 벌였다고 함.

추석의 행사

차례 : 햇과일과 햇곡식으로 차례를 지냄.

성묘 : 조상의 묘를 찾아감.

추석의 놀이

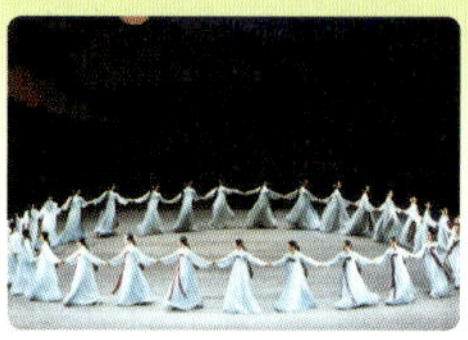

강강술래 : 여럿이 서로 손을 잡고 둥글게 줄을 지어 서서 돌며 부르는 노래와 춤

거북놀이 : 거북이 오면 그 집에서는 음식과 과일로 거북을 대접했다고 함. 거북이 귀신을 쫓는다고 믿었음.

추석의 음식

송편

토란국

03 앞의 발표지를 이용하여 [보기]와 같이 발표를 해 보십시오.

[보기]

저는 오늘 한국의 4대 명절 중 하나인 추석에 대해서 발표를 하겠습니다. 한국의 추석은 음력 8월 15일로, 그 기원은 신라시대의 '가윗날'에서 비롯 되었다고 합니다. 신라시대 때 음력 7월 15일에 편을 나눠 길쌈을 하고, 한 달 후인 8월 15일에 진 편이 이긴 편에게 술과 음식을 대접하며 잔치를 벌이고 여러 가지 행사를 했는데 이 '가윗날'에서 추석이 시작되었습니다.

추석의 중요한 행사로는 차례와 성묘가 있습니다. 차례는 그 해에 처음 나온 햇과일과 햇곡식으로 지내는데, 이것은 조상들에게 그 해의 수확을 감사하는 의미였습니다. 그리고 산소에 가서 성묘를 하는 것도 빼 놓을 수 없는 중요한 일입니다.

추석에는 다양한 놀이가 있는데, 대표적인 것으로는 강강술래와 거북놀이가 있습니다. 이 중 거북놀이는 사진에서 보는 것과 같이 거북의 모습을 한 사람과 그 일행들이 집집마다 돌아다니고, 방문을 받은 집에서는 음식과 과일로 거북을 대접했다고 합니다. 그리고 거북이 오면 귀신을 쫓는다고 믿었다고 합니다.

마지막으로 추석 음식에 대해 말씀드리겠습니다. 대표적인 추석 음식은 송편과 토란국인데 송편은 달의 모양을 본뜬 것이라고 합니다. 전하는 말로는 송편을 예쁘게 잘 만들어야 시집을 잘 간다고 해서 여성들은 모양이 예쁜 송편을 만들기 위해 노력했다고 합니다.

이상으로 추석에 관한 발표를 마치겠습니다. 끝까지 들어주셔서 고맙습니다.

03 강릉에서 하는 단오제에 갔다 왔어요

학습 목표 ● 과제 축제에 대한 글 읽고 정리하기 ● 어휘 축제 관련 어휘 ● 문법 -던가요?, -도록[2]

강릉 단오제

리오 축제

베니스 축제

토마토 축제

위의 사진은 어느 나라의 축제입니까? 아는 것이 있으면 이야기해 보십시오.
여러분 나라의 축제에 대해 이야기해 보십시오.

CD2:32~33

영수 지난 주말을 어떻게 지냈어요?

마리아 강릉에서 하는 단오제에 갔다 왔어요. 아주 재미있는 구경을 하고 왔지요. 제가 공부하는 데 도움도 많이 받았어요.

영수 얼마 전에 단오제가 유네스코 세계 문화유산으로 지정되었다고 해서 나도 가 보고 싶었어요. 직접 가 보니까 어떻던가요?

마리아 볼거리가 아주 많아서 12시가 넘도록 구경을 했어요. 그리고 이번에 처음으로 그네도 타 봤고요.

영수 아! 그래요? 그네 타기가 보기보다 쉽지 않았을 텐데 어땠어요?

마리아 막상 타 보니까 굉장히 무섭던데요. 그리고 가면극도 봤는데 아주 흥미로웠어요.

단오제
세계 문화유산
지정되다
넘다
막상
가면극
흥미롭다

어휘

01 다음은 축제 때 볼 수 있는 구경거리입니다. 사진을 보고 알맞은 어휘를 쓰십시오.

굿	농악	가면극	가장행렬	불꽃놀이	시가행진

....

굿

....

....

....

....

02 빈칸에 알맞은 어휘를 쓰십시오.

1) 귀신을 쫓거나 복을 빌기 위해 무당이 벌이는 의식. (굿)
2) 탈이나 가면을 쓰고 하는 연극. (　　　　)
3) 도시의 큰 길거리에 여러 사람들이 줄을 지어 앞으로 나감. (　　　　)
4) 운동회나 경축일 등에 여러 모습으로 꾸며 입고 줄을 지어 앞으로 나감. (　　　　)
5) 밤 하늘에 아름답게 불꽃이 일어나게 하여 빛과 소리를 즐기는 놀이. (　　　　)
6) 한국의 농촌에서 함께 일할 때나 명절에 연주하는 민속 음악. (　　　　)

문법 연습

-던가요?

01

1) 다음 사람들에게 뭐라고 질문하겠습니까?

저는 지난 주말에 금강산에 다녀왔어요.

❶ 그래요? 날씨가 좋던가요?

❷ 금강산이 어떻던가요?

저는 지난 봄에 요리 학원에 다녔어요.

❶ 그러세요? 요리 배우기가 어렵지 않던가요?

❷ ....

저는 지난 12월에 프랑스에 갔다 왔어요.

❶ 그러세요? 프랑스 12월 날씨는 어떻던가요?

❷ ....

2) 저는 이번 방학에 유럽으로 여행을 가려고 합니다. 그래서 먼저 갔다 온 사람에게 이것저것 알아 봅니다. 빈칸에 알맞은 말을 쓰십시오.

이번 방학에 유럽에 가려고 하는데요. 지난 겨울에 갔다 오셨다면서요? 그 곳 12월 날씨는 어떻던가요?
.... 던가요? 저는 추위를 많이 타는 편이라 좀 걱정이 되네요. 그리고 호텔에서 묵으셨다고 들었는데 숙박료가 .... 던가요? 미리 예약을 하는 게 좋을까요? 음식도 좀 걱정이 됩니다. 어머님을 모시고 가기 때문에 음식이 맞으실지 신경이 쓰입니다. 한국 사람 입맛에 맞는 식당이 .... 던가요?

–도록[2]

02 1) 다음 표현 뒤에는 어떤 말이 올까요? 알맞은 어휘를 찾아 쓰십시오.

사랑하다 / 웃다 / 기다리다 / 듣다 / 말하다
울다 / 상을 차리다 / 먹다 / 칭찬하다
하품을 하다 / 빌다 / 술을 마시다 / 드나들다

눈이 빠지도록	기다리다
귀가 닳도록	
입에 침이 마르도록	
손이 발이 되도록	
눈이 퉁퉁 붓도록	
입이 닳도록	
문턱이 닳도록	
죽도록	

2) 다음 표현을 알맞게 연결하여 쓰십시오.

밤이 새도록 •	• 결혼할 생각을 안 한다.
마흔 살이 되도록 •	• 시험공부를 했다.
세 시간이 넘도록 •	• 회의를 했다.
1주일이 다 되도록 •	• 연락이 없다.
여섯 시 약속인데 일곱 시가 지나도록 •	• 학교에 안 나온다.

1) 밤이 새도록 시험공부를 했다.
2) ______________________.
3) ______________________.
4) ______________________.
5) ______________________.

과제 1 말하기

다음은 강릉 단오제에 대한 이야기입니다. 여러분도 다녀온 축제에 대해 쓰고 [보기]와 같이 이야기해 보십시오.

	강릉 단오제	다녀온 축제
어디	강릉	
언제	음력 5월	
볼거리	제사, 굿, 가면극	
놀이	씨름, 그네뛰기	
그 외	창포물에 머리 감기, 부채 만들기	

[보기]

저는 지난 주말에 강릉 단오제에 다녀왔습니다. 서울에서 강릉까지 고속버스로 세 시간 반쯤 걸렸는데, 강릉에 도착하니 사람들도 많고 축제 분위기라서 아주 신났어요. 단오제에는 제사와 굿, 관노가면극, 농악놀이 같은 문화행사가 많았어요. 저는 먼저 관노가면극을 봤는데 관노가면극은 옛날부터 내려오는 민속연극이에요. 그런데 연극을 하는 사람들이 말을 하지 않고 춤과 동작으로만 내용을 알려주는 것이었어요.

가면극을 보고 민속놀이를 하는 곳에 갔더니 한쪽에서는 창포로 머리를 감는 행사를 하고 있었어요. 옛날에 단오에는 창포물에 머리를 감거나 얼굴을 씻고 목욕을 했는데, 이렇게 하면 머리가 세지 않는다고 믿었대요. 또 한쪽에서는 단오선이라는 부채를 나눠 주고 있었어요. 옛날에 단오 때가 되면 임금님이 신하들에게 여름을 시원하게 보내라는 의미로 단오선을 나눠 주었대요. 그래서 저도 부채를 만들어 봤는데 생각보다 쉽지 않았어요. 모래판에서는 남자들이 씨름을 하고 있었는데 그 중 가장 힘이 센 남자가 1등을 해서 상으로 소를 탔어요. 상을 탄 남자는 아주 즐거워했습니다. 저는 이번에 신나게 축제를 즐기고 왔습니다.

과제 2 읽고 말하기

01 세계 여러 나라의 축제에 대해 알아봅시다.

1)

태국의 러이크라통 축제

12월 대보름에 열리며 한 해를 감사하는 의미의 축제이다. 한 해를 보내며 안 좋은 기억과 어려움을 정리하고, 물의 신에게 감사하는 마음으로 나쁜 것을 씻어 내리는 의식을 한다. 축제날 밤에 작은 배를 강물이나 바다에 띄워 보내는데, 이 안에 음식이나 옷을 넣어 보내기도 한다.

2)

인도의 디왈리 축제

라마가 돌아온 것을 기념하여 집안을 불빛으로 장식하고 선물을 주고받는 날이다. 11월 8일에는 모든 집들이 집안 곳곳에 등불을 켜 놓는다. 라마신이 악마를 물리치고 돌아올 때 승리를 축하하는 의미에서, 온 마을 사람들이 등불을 비춘 것에서 시작되었다고 한다. 이 때 행운의 여신도 집집마다 들어온다고 생각하며, 악을 물리치기 위하여 폭죽을 터뜨리기도 한다.

3)

스페인의 토마토 축제

1944년 토마토 값이 많이 떨어진 것에 화가 난 농부들이 시의원에게 토마토를 던진 것에서 시작됐다. 이 축제 는 매년 8월에 열리는데 단 하루, 아침 11시부터 2시간 동안 마을 중앙에 있는 큰 광장에서 즐길 수 있다. 시청에서는 축제에 사용할 토마토를 여러 지역에서 사는데 12만kg이나 된다고 한다.

4)

스웨덴의 하지 축제

한 해 중에 해가 가장 길어지는 하지(6월20일)에 열리는 축제이다. 축제가 시작되면 전통 의상을 입은 남녀가 성장과 풍요를 상징하는 단풍나무 주변에 모여, 춤을 추며 노래를 부른다. 이 메이폴이라 불리는 나무 기둥은 성장과 풍요를 상징한다. 하지 축제는 특히 여성들에게 의미가 있는데, 미혼 여성이 꽃다발을 만들어 베개 밑에 넣고 자면 꿈에서 미래의 배우자를 볼 수 있다고 한다.

5)

한국의 보령머드 축제

이 축제는 매년 가장 더운 7월에 충남 보령의 대천 해수욕장에서 개최된다. 보령 갯벌의 진흙은 깨끗하고 품질이 좋으며, 아름다운 백사장이 있어 관광객들은 머드체험과 해수욕을 할 수 있다. 이 축제는 보령시가 자연적인 아름다움을 알려 관광객을 모으고, 질 좋은 머드팩을 생산하여 시의 발전을 이루기 위한 것이다.

02 축제의 내용을 다음 표에 정리해서 써 보십시오.

나라	축제의 이름	시기	축제의 의미	축제의 내용
태국	러이크라통 축제	12월 대보름		
인도		11월 8일		
스페인		8월		
스웨덴	하지 축제	6월		
한국		7월		

03 여러분 나라의 축제를 위와 같이 소개하십시오.

04 한국에는 5월에 기념일이 많은 것 같아요

학습 목표 ● 과제 기념일에 대한 의견 듣고 토론하기 ● 어휘 기념 관련 어휘 ● 문법 그러고 보니, 그렇다고 -을 수는 없지요

위 그림은 한국의 무슨 기념일에 대한 그림일까요?
여러분 나라에는 어떤 기념일이 있습니까?

CD2:34~35

제임스 내일 부모님 선물을 사러 가려고 하는데 같이 가서 선물 고르는 것 좀 도와주시겠어요?

미선 그럼요, 그런데 무슨 날이에요?

제임스 고향에 계신 부모님께 미리 선물을 보내려고요. 다음 달에 어머니날이 있고 6월에는 아버지날이 있거든요. 한국은 언제예요?

미선 한국에서는 어머니날, 아버지날이 따로따로 있지 않고 어버이날이라고 해서 5월 8일 하루예요.

제임스 그러고 보니 한국에는 5월에 기념일이 많은 것 같아요. 어린이날도 있고요. 미선 씨는 조카들도 많은데 다 챙기기가 어렵겠어요.

미선 그렇다고 안 챙길 수는 없지요. 작은 선물이라도 준비해요. 그리고 5월에는 근로자의 날, 스승의 날 같은 기념일도 있어요.

따로따로
어버이날
기념일
근로자

어휘

기념관 기념식 기념일 기념전 기념품 기념사진 기념우표

01 다음 그림과 설명에 맞는 어휘를 쓰십시오.

기념

1) 

특별한 날을 기념하는 날

기념일

2) 

그 때를 기념하기 위해 그 자리에 온 사람들에게 나눠 주는 물건

....

3) 

여러 사람이 모여 함께 그 날을 기념하는 공식적인 자리

....

4) 

의미 있는 일이나 날을 기념하기 위해 만든 우표

....

5) 

어떤 사람이나 사건을 기념하기 위해 지은 건물

....

6) 

어떤 날이나 일을 기념하기 위해 찍는 사진

....

7) 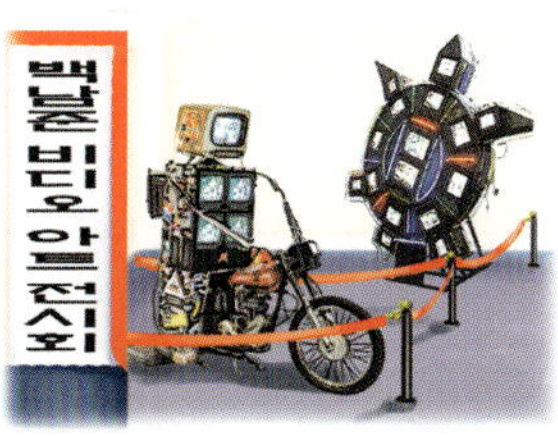

어떤 사람이나 일을 기념하기 위해 하는 전시회

....

02 빈칸에 알맞은 어휘를 쓰십시오.

1) 이번 12회 골프대회 **기념품** 은/~~는~~ 시계와 골프공, 운동복 등 다양하니 많이 참가하시기 바랍니다.
2) 다음 주 토요일이 우리 결혼 __________ 인데 여행 가면 어떨까?
3) 이번에 우리 회사 창립 80주년을 기념하기 위해서 내외 귀빈을 모시고 월요일 오전 10시에 대강당에서 __________ 을/를 하니 모두 참석해 주시기 바랍니다.
4) 수학여행을 가면 학생들과 선생님이 단체로 다 같이 모여 __________ 을/를 찍습니다.
5) 인사동 화랑에서 고 박수근 화백의 40주기를 추모하는 __________ 이/가 열리고 있습니다.
6) 한국의 근대역사와 독립에 관련된 자료를 보려면 천안에 있는 독립 __________ 에 가면 됩니다.
7) 올해 11월에 남북정상회담을 기념하는 __________ 이/가 발행되었습니다.

문법 연습

그러고 보니

01 다음 상황에 맞게 대답을 하십시오.

1) 

저 어제 장학금 받았어요.

2) 

제 머리모양 어때요? 어제 미장원에 갔다 왔는데…

3) 

이 사진에 있는 분이 저희 아버지예요.

4) 

어제 밤새워 일을 했어요.

5) 

요즘 운동을 열심히 하고 있어요.

그러고 보니 오늘 기분이 아주 좋아 보이는데요.

그렇다고 -을/ㄹ 수는 없지요

02 다음과 같은 경우에 어떻게 하겠습니까? 이야기해 보십시오.

1) 한국에서 대학교에 들어가려면 한국말을 배워야 한다. 그런데 한국말이 너무 어려워서 포기하고 싶다.

2) 내일까지 부장님께 보고서를 제출해야 한다. 그런데 오늘은 피곤해서 쉬고 싶다.

3) 가족들이 내가 만든 음식을 좋아한다. 그런데 요즘은 요리하기가 귀찮아서 하기 싫다.

4) 내가 준비한 것을 오늘 4교시에 발표하기 때문에 그때까지 있어야 한다. 그런데 오늘 일찍 집에 돌아가고 싶다.

5) 어렵게 회사에 들어갔고 지금 하는 일이 적성에 잘 맞아 회사가 마음에 든다. 그런데 함께 일하는 동료와 성격이 안 맞아서 회사를 그만두고 싶다.

한국말 배우기가 너무 어려워서 그만 둘까 해요.

그렇다고 포기할 수는 없지요. 한국에서 대학교에
들어가려면 한국말을 배워야 하잖아요.

과제 1 말하기

다음은 한국의 기념일입니다. 여러분 나라에도 비슷한 기념일이 있습니까? 표에 쓰고 [보기]와 같이 이야기해 보십시오.

한국의 기념일			여러분 나라의 기념일		
근로자의 날	5월 1일	근로자를 위로하고 근로 의욕을 높이기 위해 만든 기념일			
어린이날	5월 5일	어린이를 존중하고 어 린이의 행복을 위해 정한 기념일			
어버이날	5월 8일	어버이의 은혜에 감사 하고 어른과 노인을 존경하는 뜻으로 만든 기념일			

[보기]

한국에는 기념일의 종류가 많습니다. **그러고 보니** 5월에는 특히 기념일이 많은 것 같은데, 기념일 중에는 공휴일로 정해져 쉬는 날도 있고 그렇지 않은 날도 있습니다. 예를 들어 쉬는 기념일은 '근로자의 날'과 '어린이날'이고, '어버이날', '스승의 날'은 휴일이 아닙니다. 5월 1일 '근로자의 날'에는 일을 하는 모든 근로자는 직장에 가지 않고 쉽니다. 그렇지만 학생들은 쉬지 않고 학교에 가지요. 5월 5일 '어린이날'은 공휴일로 모든 사람들이 다 쉬는 날입니다. 이 날은 어린이가 따뜻한 사랑 속에서 바르고 씩씩하게 자랄 수 있도록 어른들이 아이들에게 관심과 사랑을 주는 날입니다. 그리고 어버이날은 어버이의 은혜에 감사하고 어른과 노인을 존경하는 뜻으로 만든 날입니다. 이 날은 보통 부모님을 찾아뵙고 함께 시간을 보냅니다.

과제 2 듣고 말하기 [CD2:36]

01 여러분이 알고 있는 한국의 기념일에 대해 이야기해 보십시오.

02 다음 이야기는 한국의 기념일 문화에 대해 청소년들이 토론하는 이야기입니다. 이야기를 듣고 맞는 것에 ✔ 하십시오.

1) 바쁜 생활 속에서 가까운 사람들에게 선물하는 것은 좋은 일이다. ☐
2) 새로운 기념일 문화는 상업적인 목적 때문에 나타났다. ☐
3) 새로운 문화는 무조건 받아들여 발전시켜야 한다. ☐
4) 외국의 문화를 그대로 인정하고 따라하는 게 필요하다. ☐

03 여러분은 요즘의 기념일 문화에 대해 어떻게 생각합니까? 찬성과 반대로 나눠 토론을 해 보십시오.

05 정리해 봅시다

• 어휘

01 다음 명절과 관계 있는 어휘를 쓰십시오.

귀성행렬	덕담	떡국	햇곡식	세배
조상	가면극	창포물	머리를 감다	추수감사절
나이를 먹다	세계 문화유산	차례를 지내다		

설날	추석	단오
세배,	햇곡식,	세계문화유산,

02 빈칸에 알맞은 어휘를 쓰십시오.

너 나 할 것 없이	따로따로	흥미롭다	다양하다	지정되다

1) 컴퓨터 회사들은 신제품 발표회 때 ______________ '얇은 노트북'을 내놓는다.
2) 수원의 화성은 1997년 12월에 세계 문화유산으로 ______________ 었다/았다/였다.
3) 최근에는 대학교에 가기 위해, 직장에 취직하기 위해, 한국문화를 알기 위해 한국어를 배우는 등 학생들이 한국어를 배우는 목적이 ______________ 어졌다/아졌다/여졌다.
4) 사람들은 이번에 전시된 전시물에 대해 ______________ 어/아/여 했다.
5) 환경보호를 위해 쓰레기는 재활용되는 것과 그렇지 않은 것을 ______________ 버려야 한다.

• 문법

01 다음 상황에 맞게 대화를 완성하십시오.

미선이와 리에는 추석 풍습에 대해 이야기하고 있다. 리에는 추석 때 고향에 가면 뭘 하는지 묻는다. 미선이는 한국 사람들이 추석 때 차례를 지내거나 성묘를 하고 친척들을 만난다고 말한다. 그리고 명절 때 밤을 샐 정도로 음식을 많이 하느라고 힘들지만 차례는 지내야 한다고 했다.

리에 : 한국에서는 추석이 되면 정말 많은 사람들이 고향에 내려가는 것 같아요.고향에 가면 뭘 하지요?

미선 : 고향에 내려가서 ________________ 는다든가/ㄴ다든가 ________________ 는다든가/ㄴ다든가 해요.

리에 : 한국에서는 명절 때 음식을 준비하고 차례를 지내는 것도 쉬운 일은 아닌 것 같아요. 힘들지 않나요?

미선 : 왜 ________________지 않겠어요? 명절 때마다 ________________도록 음식을 많이 하느라고 힘들어요. 하지만 그렇다고 ________________ 을/ㄹ 수는 없지요.

마리아와 영수는 보령 머드축제에 대해 이야기하고 있다. 마리아는 영수에게 축제가 재미있었는지, 그리고 사람들은 피부를 위해 진흙을 바른다고 하는데 피부에 정말 좋았는지 묻는다. 영수는 피부가 부드러워진 것 같다고 말하고 마리아도 영수를 보니 그런 것 같다고 한다.

영수 : 저는 며칠 전 보령 머드 축제에 다녀왔는데 참 좋았어요.

마리아 : 그래요? ________________ 던가요?

영수 : 네, 아주 재미있던데요.

마리아 : 사람들은 ________________ 으라고/라고 진흙을 바른다던데, 바르니까 피부에 정말 ________________ 던가요?

영수 : 네, 아주 피부가 부드러워진 것 같아요.

마리아 : 아, 그러고 보니 ________________.
저도 한번 가 보고 싶은데요.

• 읽고 말하기

01 여러분은 어떤 춤을 좋아합니까?

02 다음 글을 읽고 질문에 답하십시오.

세계 여러 나라의 축제에는 공통되는 점이 있는데 그건 바로 춤이다. 춤은 리듬에 맞추어 손짓과 발짓을 하며 온몸을 움직이는 것이면서, 몸으로 생각을 표현하는 언어라고 할 수 있다. 무당의 춤은 나쁜 것을 없애달라고 신께 드리는 기도이고, 브라질의 삼바는 스트레스를 풀기 위한 치료제이며, 배꼽춤은 고대 터키에서는 왕에게 선택되기 위하여 자신의 아름다움을 나타내는 메시지였다.

처음 인간은 기쁨을 나타내기 위해 춤을 추었다고 한다. 옛날 사냥을 하던 사람들이 사냥을 한 후 자신도 모르게 리듬 있는 몸짓을 반복한 것이 춤의 기원이었다. 처음에는 한 두 사람이 하던 것이 점차 그 사회의 모든 사람들이 추게 되었고, 그것이 축제와 같이 특별한 날의 행사로까지 발전했다. 오늘날에도 아프리카의 일부 지역에서는 그러한 춤을 발견할 수 있다.

춤은 문명사회에 들어오면서 일반 사람들이 추는 민속춤과 왕을 위해 궁중에서 추는 무용으로 나뉜다. 일반 사람들은 춤을 즐길 수 있는 날이 많지 않았기 때문에 춤은 오랜 세월 동안 왕이나 몇몇 사람들만이 중요한 행사나 축제 때 감상할 수 있는 것으로 생각했다. 그렇지만 일반 사람들도 잔치나 축제 때가 되면 춤을 즐겼다. 추수가 끝난 후 기쁨과 신에 대한 감사의 표현으로 춤을 추었고 결혼식 날에도 마음껏 춤을 추며 기쁨을 표현했다. 현대사회가 되면서 춤은 자신을 표현하는 것으로, 그리고 사람들과의 교류의 수단으로, 아름다움을 드러내기 위한 예술로 그 역할이 다양해졌다.

1) 춤이란 무엇이라고 할 수 있습니까? 두 가지를 쓰십시오.

2) 다음의 춤은 각각 어떤 역할을 합니까? 맞는 것끼리 줄을 그으십시오.

❶ 무당의 춤	•	•	아름다움을 표현하는 메시지
❷ 브라질의 삼바 춤	•	•	신에게 드리는 기도
❸ 터키의 배꼽춤	•	•	스트레스를 푸는 치료제

3) 춤은 어떻게 발전해 왔습니까? 순서에 맞게 번호를 써 넣으십시오.

자신의 표현	기쁨의 표현	신에 대한 감사의 표현
(　　　)	(　　　)	(　　　)

4) 문명사회에 들어오면서 춤은 민속춤과 왕을 위한 무용으로 나뉩니다. 민속춤은 주로 어떤 때에 추었습니까?

5) 현대의 춤은 어떤 의미가 있습니까? 세 가지를 쓰십시오.

03 여러분이 아는 여러분 나라의 춤에 대해 [보기]와 같이 이야기해 보십시오.

[보기]

처용무는 궁중 무용의 하나입니다. 궁중 무용은 왕 앞에서 추던 춤입니다. 처용무는 '5방 처용무'라고도 합니다. 다섯 사람이 함께 추기 때문에 그런 이름이 붙었어요. '5방'은 동서남북과 중앙을 가리키는데 사람들이 각 방향에서 다른 색깔의 탈을 쓰고 서서 춤을 춥니다. 처음에 처용무가 생겼을 때는 한 사람이 춤을 추었는데 춤이 발전하여 다섯 사람이 추는 춤이 되었습니다. 나중에 처용무는 다른 춤과 합쳐져서 일 년 중 마지막 날에 잔치를 벌이며 추는 아주 화려한 춤으로 바뀝니다.

문화

정월대보름

정월대보름은 음력 정월 보름날(1월 15일)로서 농경사회 시대였던 과거에는 설날, 추석과 함께 가장 큰 명절이었습니다. 정월 대보름 명절은 14일부터 시작 되는 데 14일을 작은 보름, 15일을 대보름이라고 합니다.

겨울 동안 긴 휴식을 취하고 본격적으로 농사일을 시작하기 전에 지내는 명절이기 때문에 작은 보름에는 농사일의 시작을 알리는 일(낟가릿대 세우기)부터 합니다. 14일 밤에 잠을 자면 눈썹이 센다고 하여 밤을 새우는 보름새기를 하며 15일 밤에는 보름달이 뜨기 전인 초저녁에 산이나 언덕에 올라가 달맞이를 합니다. 또한 이날 밤 들판에 나가서 그 해의 새싹이 잘 자라고 논과 밭의 해충이 죽도록 쥐불을 놓습니다. 아이들은 연날리기, 돈치기 등을 즐기며 어른들은 줄다리기, 놋다리밟기 등을 합니다. 이와 같이 대보름날 밤에는 온 마을이, 때로는 마을과 마을이 대결하는 경기를 조직하여 함께 즐긴다.

대보름날에는 약반(藥飯)(약식이라고도 하며 햅찹쌀을 찌고 여기에 밤, 대추, 꿀, 기름, 간장 등을 섞어서 다시 함께 찐 후 잣을 박은 음식)과 오곡밥(쌀, 콩, 팥, 보리, 수수, 조 등을 넣어 짓는 밥. 꼭 다섯가지 곡식으로 짓는다는 뜻이 아니라 여러 가지 곡식을 넣어 지어 먹는다는 뜻에서 오곡이라는 말을 사용함), 나물(나물이 흔한 계절에 잘 말렸다가 이날 삶아서 기름에 볶아 먹음)을 먹습니다. 특히 성(姓)이 다른 세 집 이상의 밥을 먹어

야 그 해의 운이 좋다고 하여 오곡밥을 서로 나누어 먹는데 이 날만큼은 틈틈이 먹어서 아홉 번을 먹습니다. 대보름날 아침 일찍 일어나 부럼이라고 하는 밤, 호도, 잣, 은행 등을 소리 나게 깨물어 먹으면 1년 내내 부스럼이 나지 않을 뿐만 아니라 이가 단단해진다고 합니다. 또 이른 아침에 맑은 술을 마시는데 이를 귀밝이술이라고 합니다. 이 술을 마시면 귀가 밝아지고 귓병이 생기지 않을 뿐만 아니라 1년 동안 좋은 소식을 듣는다고 합니다.

위에서 소개한 풍습 중에 점점 사라져가는 풍습도 있지만 지금도 대보름에는 많은 사람들이 오곡밥과 나물을 먹으며 부럼을 깨뭅니다.

1. 여러분 나라의 사라져 가고 있는 명절 풍습이 있습니까?

2. 나라마다 전통 문화가 변화되거나 사라져 가고 있습니다. 우리는 어떤 노력을 해야 할까요?

문법 설명

01 -으라고

종결어미 '-으라'에 인용을 나타내는 연결어미 '-고'가 붙은 것으로, 뒤 문장 행위의 목적이나 의도를 나타낸다.

- 키가 커 보이라고 높은 신발을 신었어요.
- 피곤이 풀리라고 뜨거운 물에 목욕을 했어요.
- 열심히 공부하라고 동생에게 전자사전을 사 주었어요.
- 새해에는 부자가 되라고 덕담을 해 줍니다.
- 사원들에게 경험을 쌓으라고 외국 연수의 기회를 줍니다.

02 -는다든가/ㄴ다는다/다든가

간접인용을 나타내는 '-는다'에 연결어미 '-든가'가 연결된 형태로, 여러 개 예를 들어 말하고 그것들 중에 어느 것이나 가리지 않고 선택함을 나타낸다.

- 가족들과 등산을 한다든가 놀이공원에 간다든가 해요.
- 시간이 있을 때는 책을 읽는다든가 비디오를 본다든가 해요.
- 설거지를 한다든가 청소를 한다든가 하는 것은 제가 하지요.
- 음식을 먹을 때 소리를 낸다든가 코를 푼다든가 하는 것은 실례가 돼요.
- 아르바이트를 한다든가 여행을 간다든가 그렇게 방학을 보내요.

03 왜 -지 않겠어요?

'왜 -지 않겠어요?'는 강조하는 표현으로 앞에서 말한 이유로 해서 분명히 그럴 수 있다는 것을 강조해서 하는 표현이다.

- 가 : 이 부장님이 경제적으로 아주 힘드신가 봐요.
  나 : 대학교에 다니는 아이가 셋이나 있는데 왜 힘들지 않겠어요?
- 가 : 유진 씨가 어제 고향 사진을 보고 눈물을 흘리더군요.
  나 : 고향을 떠난 지 10년이 됐는데 왜 고향이 그립지 않겠어요?
- 가 : 미정 씨 부모님이 미정 씨 결혼식을 앞두고 많이 섭섭하신가 봐요.
  나 : 곱게 키운 딸이 시집을 가니 왜 섭섭하지 않으시겠어요?
- 가 : 어제 야근을 하고 피곤하지 않아요? 왜 아직도 퇴근을 안 하세요?
  나 : 왜 피곤하지 않겠어요? 빨리 집에 가서 쉬고 싶어요.

• 가 : 어렸을 때 유학을 가셨는데 외롭지 않았어요?
  나 : 왜 외롭지 않았겠어요? 돌아오고 싶을 때도 많았어요.

04 으로 봐서는

앞에 오는 명사는 후행문처럼 말할 수 있는 평가의 근거나 기준을 나타내며 그 근거나 기준으로 사람이나 사물을 판단할 때 쓴다.

• 생김새로 봐서는 여자 아이인 것 같아요.
• 미선 씨 성격으로 봐서는 틀림없이 잘 할 거라고 생각해요.
• 현재 건강 상태로 봐서는 당분간 쉬어야 할 거예요.
• 키가 큰 것으로 봐서는 농구 선수일 것 같아요.
• 전적으로 봐서는 우리 학교가 우세한데 시합을 해 봐야 결과를 알 수 있지요.

05 -던가요?

회상을 나타내는 '-더'에 '-ㄴ가요'가 붙은 의문형 종결어미로 과거의 일에 대한 화자의 경험을 회상해서 물을 때 쓰며 보통 '-더군요', '-던데요', '-더라'로 대답한다.

• 가 : 지난주에 설악산에 갔다 왔어요.
  나 : 설악산 경치가 좋던가요?
  가 : 네, 아주 좋더군요.
• 가 : 영수 씨 결혼식에 갔다 왔어요.
  나 : 신랑, 신부가 잘 어울리던가요?
  가 : 네, 잘 어울리더군요.
• 가 : 어제 축구경기를 보셨다면서요? 두 팀 실력이 어떻던가요?
  나 : 두 팀 실력이 막상막하던데요.
• 가 : 김 부장님을 만나 뵈니까 어떤 분이던가요?
  나 : 성격이 좀 까다롭던데요.
• 가 : 선배님, 신문기사 발표해 보니까 어떻던가요?
  나 : 직접 해 보니까 생각보다 어렵더라.

06 -도록[2]

동작의 정도나 한계, 어느 지점에 도달하기까지를 나타낼 때 쓰며 '-었/-았/-였'이나 '-겠'과 같이 쓰지 않는다.

- 두 사람은 죽도록 사랑했어요.
- 그 친구는 눈이 빠지도록 기다려도 오지 않았어요.
- 그 이야기는 귀가 닳도록 들어서 이젠 정말 듣기 싫어요.
- 아이가 12시가 다 되도록 안 들어와요.
- 친구와 밤새도록 이야기했어요.

07 그러고 보니

화자가 미처 몰랐거나 느끼지 못했던 사실에 대해 상대방의 얘기를 듣고 그 사실을 발견하거나 깨닫게 되었을 때 쓴다.

- 가 : 어제 대청소를 했어요.
  나 : 그러고 보니 깨끗하군요.
- 가 : 이 영화가 요즘 아주 인기가 많대요.
  나 : 그러고 보니 사람이 많군요.
- 가 : 미선 씨도 우리 학교 동창이에요.
  나 : 그러고 보니 낯이 익은데요.
- 가 : 김 선생님 아드님이에요.
  나 : 그러고 보니 아버지를 많이 닮았군요.
- 가 : 아직도 회의가 안 끝났어요? 12시가 넘었어요.
  나 : 그러고 보니 회의가 길어지는데요.

08 그렇다고 -을/ㄹ 수는 없지요

상대방의 말 내용을 이유로 해서 화자가 생각할 때 옳지 않은 행동을 할 수 없다고 할 때 쓴다.

- 가 : 바쁘니까 빨리 갑시다.
  나 : 그렇다고 신호를 무시할 수는 없지요.
- 가 : 요리하기가 정말 귀찮아요.
  나 : 그렇다고 날마다 외식을 할 수는 없지요.
- 가 : 한 시간이나 기다렸는데도 안 오네요. 그냥 갑시다.
  나 : 그렇다고 우리 먼저 갈 수는 없지요.
- 가 : 시간 없는데 아무 거나 입고 가세요.
  나 : 그렇다고 결혼식에 청바지를 입고 갈 수는 없지요.
- 가 : 피곤한데 우리 먼저 퇴근합시다.
  나 : 그렇다고 일이 저렇게 쌓였는데 안 도와줄 수는 없지요.

제10과 현대를 살아가는 사람들

01
제목 | 자꾸 시계를 보는 버릇이 생겼어요
과제 | 고민 듣고 이야기하기
어휘 | 일중독 관련 어휘
문법 | -게, -을까 보다

02
제목 | 물질만능주의가 어제오늘의 일은 아니지요
과제 | 단락 주제 파악하기
어휘 | 사상 관련 어휘
문법 | -는 셈이다, 이라야

03
제목 | 신경 쓰는 만큼 건강하게 살 수 있어요
과제 | 핵심 내용 정리하기
어휘 | 건강 관련 어휘
문법 | 으로는, -을 필요가 없다

04
제목 | 의사소통이 단절되어 문제가 나타납니다
과제 | 논리적인 글쓰기
어휘 | 담화 표지
문법 | -고자, -음에 따라

05 정리해 봅시다

- 문화
  한국인의 여유

01 자꾸 시계를 보는 버릇이 생겼어요

학습 목표 ● 과제 고민 듣고 이야기하기 ● 어휘 일중독 관련 어휘 ● 문법 -게, -을까 보다

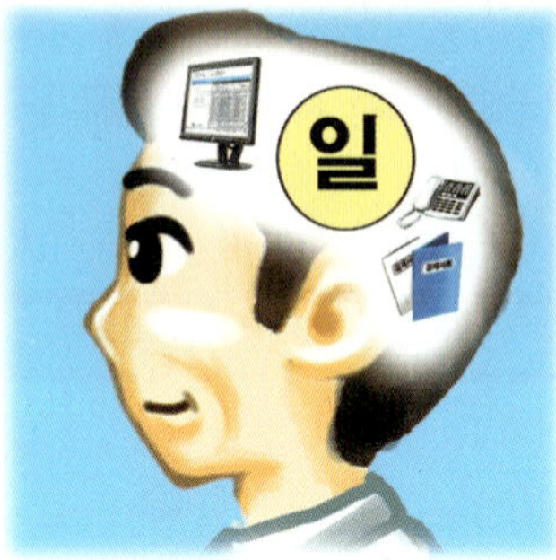

왼쪽 그림은 현대인의 어떤 모습에 대해 이야기하고 있습니까? 여러분의 머릿속에는 무엇에 대한 생각이 가장 많습니까?
일중독에서 벗어나려면 어떻게 해야 할까요?

CD2:37~38

선배 오늘 무슨 약속이라도 있어? 얘기하면서 자꾸 시계만 보게.

웨이 미안해요. 항상 바쁘게 지내서 그런지 급하지 않을 때도 자꾸 시계를 보는 버릇이 생겼어요.

선배 그렇지 않아도 요즘 널 보면 시간에 쫓기는 사람 같더라. 요즘 안 바쁜 사람이 없겠지만 그래도 좀 쉬어 가면서 해라.

웨이 그런데 해야 할 일이 많다 보니까 마음도 바쁘고, 쌓여 있는 일을 보면 불안하고 스트레스가 쌓여요.

선배 충분히 이해해. 그래도 의식적으로 쉬려고 노력을 해야지. 마음의 여유가 없으면 일이 더 잘 안 되는 법이거든.

웨이 맞아요. 요즘은 도대체 제가 왜 사는지 회의도 들고 정말 우울해요. 오늘은 일찍 집에 들어가 좀 쉴까 봐요.

버릇
쫓기다
충분히
의식적
회의

어휘

과로사	만족감	우울증	일벌레	경쟁하다
도전하다	몰두하다	불안하다	초조하다	

01 현대인의 일중독 원인과 그 증세는 무엇입니까?

일중독의 원인은?

- 다른 것보다 일로 **만족감**을 느끼려고 한다.
- 다른 사람과 **경쟁한다.**
-
-

일중독의 증세는?

- 심하면 **과로사**할 수도 있다.
-
-
-

02 빈칸에 알맞은 어휘를 쓰십시오.

1년 열두 달 하루도 쉬지 않고 일하는 일 중독증 증세를 가진 사람이 있다. 아주 부지런한 것을 자랑스럽게 생각하고 주위 사람들에게 자신이 **일벌레** 라고 자랑스럽게 얘기한다. 최근 김 부장은 저녁시간에 아내와 걷는 운동을 시작했다. 아내는 그 시간만이라도 남편과 다정하게 얘기를 나누고 싶었는데 김 부장은 산책 내내 휴대 전화로 회사 동료와 통화를 하며 회사 일을 했다. 이런 일 중독증에 걸린 사람들은 온종일 일만 생각하고 일에만 ______________ 으며/며, 일을 해야만 ______________ 을/를 느끼고 일을 하지 않고 쉴 때는 왠지 ______________ 어/아/여 한다. 그리고 새로운 일에 ______________ 어서/아서/여서 그 일을 이루어냈을 때 가장 큰 기쁨을 느낀다. 또 한편으로는 회사에서 능력있는 젊은 사람들이 자신 있게 일하는 것을 보면 그들에게 뒤쳐지지 않을까 ______________ 어지기도/아지기도/여지기도 한다. 이런 사람들은 주위 사람들과의 관계도 나빠져서 ______________ 에 걸리기도 하며 심하면 자살까지 하기도 한다. 또 일을 하다가 갑자기 ______________ 하기도 한다.

문법 연습

-게

01 다음 행동을 보고 이야기해 보십시오

1)

무슨 급한 일이라도 있어요?
수업이 끝나자마자 나가게요.

2)

앞에 무슨 사고라도 났나?
이렇게 ________________ 게.

3)

________________ 어요/아요/여요?
그렇게 물건을 한 가득 사 오게요.

4)

________________ 니?
________________ 게.

5)

________________ ?
________________ 게.

-을까/ㄹ까 보다

02 여러분은 여러 가지 이유로 망설이면서 하지 못했던 일이 있습니까? 아래와 같이 이야기해 보십시오.

여러 가지 이유로 하지 못했던 일
1) 동료에게 사실대로 얘기하는 일
2) 일이 적성에 안 맞아서 회사를 옮기는 일
3) 사귀던 남자(여자)에게 헤어지자고 말하는 일
4) 효과가 없는 약을 이제 그만 먹는 일
5) 병원에 가서 건강 검진을 받는 일

저는 얼마 전 제 동료가 제안한 아이디어를 제가 한 것처럼 보고서를 만들어 제출했어요. 오늘은 그 사실을 동료와 윗사람에게 모두 사실대로 이야기할까 봐요.

과제 1 말하기

다음 상황을 보고 [보기]와 같이 대화를 만드십시오.

• 상황 1

정희는 미선이가 병원에 가는 걸 보고 아프냐고 묻는다. 미선이는 친구가 과로로 쓰러져 병문안 간다고 한다.

[보기]

정희 : 미선아, 어디 아파? 병원에 **가게.**

미선 : 아니, 친구가 과로로 쓰러져서 친구 병문안 가는 거야. 밤낮없이 일하더니 결국 병이 나고 말았어.

정희 : 그랬구나. 너도 남의 얘기만 하지 말고 좀 쉬어가면서 해. 매일 밤늦게까지 도서관에서 공부만 하잖아.

미선 : 그래. 나도 이번 주말에는 집에서 푹 **쉴까 봐.**

• 상황 2

남자는 직장 동료가 졸고 있는 걸 보고 어제 잠을 못 잤냐고 묻는다. 직장 동료는 지금 하고 있는 프로젝트 때문에 요즘 잠을 잘 못 잔다고 말한다.

• 상황 3

아내는 남편이 방에서 하루 종일 담배만 피우고 있는 걸 보고 요즘 안 좋은 일이 있냐고 묻는다. 남편은 회사를 위해 열심히 일했는데 다른 사람이 승진을 해서 너무 실망했다고 말한다.

• 상황 4

과장은 부장이 전화로 아들을 야단치는 걸 보고 아들이 무슨 잘못을 했냐고 묻는다. 부장은 직장 일 때문에 바빠서 요즘 아들과 대화를 못 했더니 점점 더 아들과 거리감이 생긴다고 말한다.

• 상황 5

미선이는 민철이가 자동차 보험 회사에 전화하는 것을 보고 자동차 사고가 났냐고 묻는다. 민철이는 요즘 회사일이 많아 운전하면서 일 생각을 하다가 사고가 났다고 말한다.

과제 2 듣고 말하기 [CD2:39]

01 다음은 일중독 때문에 상담하는 사람들의 이야기입니다. 듣고 다음 질문에 대답하십시오.

1) 남자의 문제는 무엇입니까?

2) 여자의 문제는 무엇입니까?

02 여러분은 자신이 일중독이라고 생각해 본 적이 있습니까? 여러분의 경우를 표시하고 친구에게도 물어 보십시오.

항목	그렇다	아니다
1) 일만 생각하면 너무 즐겁다.		
2) 일 때문에 약속 시간을 못 지키는 경우가 가끔 있다.		
3) 잠잘 때나 주말, 휴가 때도 가끔 일에 대해 생각한다.		
4) 직장 동료가 일 이외의 것을 더 중요하게 생각하면 화가 난다.		
5) 직장 생활 때문에 가정 생활이나 다른 인간관계가 좋지 못하다.		

03 일중독에서 벗어나기 위해서 어떤 방법이 있을까요? 다음 방법 이외에 어떤 방법이 또 있을까요? 이야기해 보십시오.

- 매일 5분 이상 명상하기.
- 취미에 맞는 운동을 규칙적으로 하기.
- 매일 6시간 이상 충분한 수면 취하기.
- 직장에서 벗어나 1년에 1주일 이상 여행가기.

02 물질만능주의가 어제오늘의 일은 아니지요

학습 목표 ● 과제 단락 주제 파악하기 ● 어휘 사상 관련 어휘 ● 문법 -는 셈이다, 이라야

여러분은 돈으로 모든 걸 할 수 있다고 생각합니까?
돈이면 다 된다는 요즘 사람들의 생각이 나타나는 예를 말해 보십시오.

CD2:40~41

미선 얼마 전 조카가 반에서 일등을 했다기에 축하 전화를 걸었는데 조카가 축하 선물로 뭘 줄 거냐고 해서 당황했어요.

리에 저도 학원에서 아이들을 가르치다 보면 요즘 아이들은 뭐든지 다 돈으로 보상 받으려고 하는 것을 느낄 수 있어요.

미선 모든 것이 돈이면 다 된다는 물질만능주의가 어제오늘의 일은 아니지만 요즘은 더 심해지는 것 같아서 정말 걱정스러워요.

리에 아이에게 "공부 잘 하면 휴대전화 사 준다", "시험 잘 보면 얼마를 주겠다" 그런 말들을 하는 부모들이 있으니까 아이들도 그렇게 생각하는 게 아닐까요?

미선 네, 결국은 어른들이 아이를 그렇게 키우는 셈이죠.

리에 마음이 무엇보다 중요하다고 말들은 하지만 사실은 그렇지 않은가 봐요. 감사의 선물도 비싼 것이라야 더 좋다고 생각하는 사람들도 많은 걸 보면요.

보상
물질만능주의
키우다

어휘

개인주의	민족주의	민주주의	이기주의
인본주의	물질만능주의	외모지상주의	

01 다음 설명에 맞는 어휘를 쓰십시오. 여러분은 몇 단계에서 알았습니까?

1)

1단계(30점)	2단계(20점)	3단계(10점)
국가나 사회에 대한 책임보다 개인의 자유와 권리가 더 중요하다고 생각한다.	다른 사람보다 자기나 자기 가족만을 생각한다.	비슷한 말은 이기주의이다.

답 ....

2)

1단계(30점)	2단계(20점)	3단계(10점)
나라의 주인은 국민이고 국민을 위한 정치를 해야 한다고 생각한다.	국가나 사회에 속한 개개인의 생각을 존중하는 태도이다.	반대말은 전제주의이다.

답 ....

3)

1단계(30점)	2단계(20점)	3단계(10점)
인간이 모든 것의 중심이 된다는 생각이다.	인간주의라고도 하며 '인간다움'을 존중하는 아주 넓은 범위의 세계관이다.	휴머니즘이라고도 한다.

답 ....

4)

1단계(30점)	2단계(20점)	3단계(10점)
다른 민족의 지배를 벗어나 같은 민족으로 나라를 이루려는 생각이다.	개방주의자들은 이것이 세계화에 방해가 된다고 생각한다.	민족지상주의라고도 한다.

답 ....

5)

1단계(30점)	2단계(20점)	3단계(10점)
다른 사람을 생각하지 않고 자신의 이익만을 생각하는 생활방식이나 태도이다.	비슷한 말은 개인주의이다.	반대말은 이타주의이다.

답 ....

6)

1단계(30점)	2단계(20점)	3단계(10점)
사람의 마음을 무시하고 돈만 많으면 무엇이든지 다 할 수 있다는 생각이다.	인생의 목적을 돈을 모으는 데 두기 때문에 심할 경우에는 돈을 신처럼 생각하기도 한다.	비슷한 말은 황금만능주의이다.

답 ....

02 빈칸에 알맞은 어휘를 쓰십시오.

산업화가 진행되면서 물질적 가치가 정신적 가치를 앞서게 되었고 이로 인해 여러 가지 사회문제가 생겼다. 그 중에서도 삶의 최고 가치를 돈에 두게 되는 **물질만능주의** ~~이나~~/나, 외모가 인생의 성공과 실패를 결정한다고 믿는 ....과/와 같은 문제들은 현대사회에서 또 다른 사회문제를 일으키고 있다. 돈이 세상의 중심이 되다 보면 돈을 벌기 위해 다른 사람은 생각하지 않고 자신의 이익밖에 생각하지 않기 때문에 지나친 ....이나/나 ....을/를 낳게 된다. 이것은 인간이 모든 것의 중심이 된다는 ....에 어긋나는 것으로 많은 인본주의자들의 비난을 받고 있다. 또한 외모를 너무 중요하게 생각하다 보면 지나친 다이어트나 성형 중독 같은 심각한 문제도 생기게 된다. 결혼이나 취업에서 잘난 외모를 선호하는 사회 분위기가 없어지지 않으면 이러한 사회문제도 없어지지 않을 것이다.

문법 연습

-는/은/ㄴ 셈이다

01 다음 상황을 보고 여러분의 생각과 이유를 말해 보십시오.

	상황	나의 생각	이유
1	내 방 친구는 보통 10시 전에 집에 오는데 나는 보통 12시에 집에 온다. 오늘은 11시에 집에 왔다.	일찍 왔다. ☑	다른 날은 12시에 오는데 오늘은 11시에 왔으니까.
		늦게 왔다. ☐	
2	보통 때는 아침밥을 한식으로 준비해서 먹는데 오늘은 시 간이 없어서 아침에 우유 한 잔밖에 못 마셨다.	아침을 먹었다. ☐	
		아침을 못 먹었다. ☐	
3	올해 친구 회사는 월급이 1%도 오르지 않았는데 우리 회사는 월급이 3% 올랐다. 하지만 물가는 5%나 올랐다.	월급이 올랐다. ☐	
		월급이 안 올랐다. ☐	
4	이번 읽기 시험에서 90점을 받았는데 우리 반 학생 10명 중 9명이 90점 이상을 받아서 나보다 잘했다.	읽기 시험을 잘 봤다. ☐	
		읽기 시험을 잘 못 봤다. ☐	
5	옆 반하고 농구 시합을 했는데 지난번에는 우리가 졌고 이번에는 우리 반이 이겼다. 그리고 이번에는 우리 반이 선수도 1명 적었다.	서로 비겼다. ☐	
		우리 반이 이겼다. ☐	

다른 날은 12시에 오는데 오늘은 11시에 왔으니까 저는 오늘 일찍 온 셈이에요.

이라야/라야

02 다음 안내문을 보고 질문에 대답하십시오.

지금 상영하고 있는 '자유연애'는 몇 살부터 볼 수 있지요?

지금 대학교에 다니고 있는데 그 회사에 지원할 수 있어요?

주말에 월드랜드에 가려고 하는데 중학생도 할인을 받을 수 있을까?

이번 주에 남편이 출장 갔는데 혼자서는 송년모임에 참석할 수 없겠지?

물건만 사면 누구나 사은품을 받을 수 있어요?

19살 이상이라야 '자유연애'를 볼 수 있어요.

과제 1 말하기

1) 다음은 결혼 정보회사에 등록한 두 남녀가 자신의 배우자감에 대한 조건들을 적은 것입니다. 표를 보고 여러분이 두 남녀가 되어 결혼 정보회사 직원에게 이야기해 보십시오.

이름 : 최성진
나이 : 38세
직업 : 회계사

이름 : 이수진
나이 : 29세
직업 : 스튜어디스

배우자 조건		배우자 조건	
나이	29세 이하	나이	35세 이하
키	165cm 이상	키	175cm 이상
외모	몸무게 50kg미만의 날씬하고 귀엽게 생긴 얼굴	외모	안 봄.
직업	결혼 후에도 계속 할 수 있는 직업	직업	의사, 변호사 등 전문직
학벌	4년제 대졸 이상	학벌	일류대학 졸업자
연봉	3,500만 원 이상	연봉	6,000만 원 이상
성격	조용한 성격	성격	자상한 성격
형제관계	관계없음	형제관계	차남(장남은 안 됨)
기타	서울 출신이어야 함.	기타	30평 이상의 아파트를 가지고 있어야 함.

제 배우자감은요, 나이는 29살 **이하라야** 하고요,
키는 …

제 배우자감은요, 우선 직업이 **전문직이라야** 해요.
그리고 나이는 …

2) 두 사람의 배우자감의 조건에 대해 어떻게 생각합니까? '물질만능주의'와 관련하여 이야기해 보십시오.

과제 2 읽고 말하기

01 사람들은 왜 명품을 가지고 싶어 하는 것 같습니까?

02 다음은 명품을 아주 좋아했던 사람의 이야기입니다. 글의 설명으로 맞는 것을 찾아 쓰십시오.

- 병철의 명품 중독증 증상
- 병철이 명품과 결별한 이유
- 병철이 명품을 불태운 것의 의미
- 병철이 명품을 불태운 이유
- 병철이 명품에 집착하게 된 계기

(가) 병철이 명품을 불태운 이유

지난 여름 병철 씨는 자신이 그렇게도 아끼던 명품들을 모두 불태워 버렸다. 그는 왜 이 비싼 명품을 태워 버린 것인가? 지금까지 모아 온 여러 가지 명품을 한 번에 끊기 위해서라고 한다. '명품 중독자'였던 병철 씨는 남들에게 인정받기 위해, 또 자신이 꿈꾸는 자기의 모습을 만들기 위해, 무리해서 명품을 사는 인간의 약한 모습을 비판하기 위해 이렇게 했다고 한다.

(나) ....

병철 씨가 명품 중독에 걸리게 된 이유는 브랜드 운동화를 신지 않았다는 이유로 '왕따'를 당했던 초등학교 때의 경험 때문이다. "무슨 운동화가 그러냐?"는 친구들의 놀림을 받고 그는 비로소 '브랜드'에 눈을 떴다. 운동화 옆을 장식하는 줄무늬, 티셔츠 앞가슴에 앉아 있는 악어, 가방 옆구리에서 펄펄 뛰는 은빛 퓨마….

(다) ……………………………………

그 뒤 20여 년 동안 병철 씨는 그날의 '한'을 풀려는 듯 살았다. 새로운 고급 브랜드 운동복을 집 안에서 입고 돌아다니며 대단하지 않은 것으로 여기는 데서 만족감을 느꼈고, '색소와 향료를 전혀 쓰지 않는다'고 광고하는 고급 비누를 쓰면서 스스로 고급스러워지는 기분을 느꼈다. 그리고 병철 씨에게 브랜드는 남을 판단하는 기준이 되기도 했다.

(라) ……………………………………

그랬던 병철 씨가 브랜드와 결별하게 된 것은 '허무감' 때문이었다. 명품을 갖기 위해 그렇게 많은 노력을 했는데, 왜 기대만큼 행복하지 못한 걸까? 명품이 계속해서 만족감을 주지 못한다는 사실을 깨닫고 그는 과감하게 명품과 결별을 했다.

(마) ……………………………………

병철 씨가 자신이 가진 명품을 모두 불태운 것은 남들의 눈을 의식하며 명품만을 좋아하는 소비주의와 물질만능주의에 대한 경고를 하기 위한 것이라고 볼 수 있다.

03 여러분 주위에 병철 씨와 같이 '명품 중독증'에 걸린 사람이 있습니까? 여러분이나 여러분 친구, 가족 중에 이런 사람이 있다면 어떻게 하겠습니까?

03 신경 쓰는 만큼 건강하게 살 수 있어요

학습 목표 ● 과제 핵심 내용 정리하기 ● 어휘 건강 관련 어휘 ● 문법 으로는, -을 필요가 없다

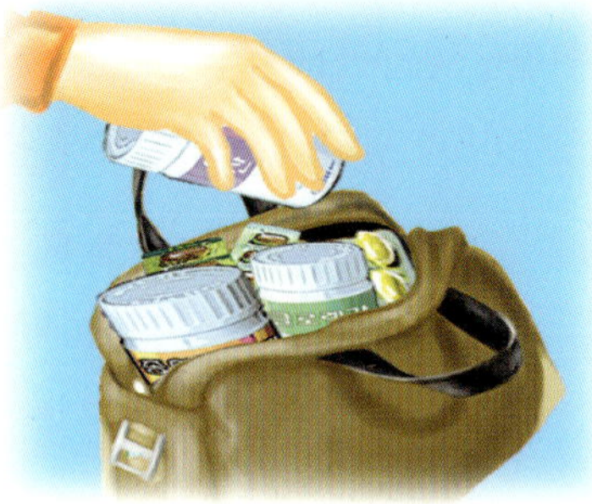

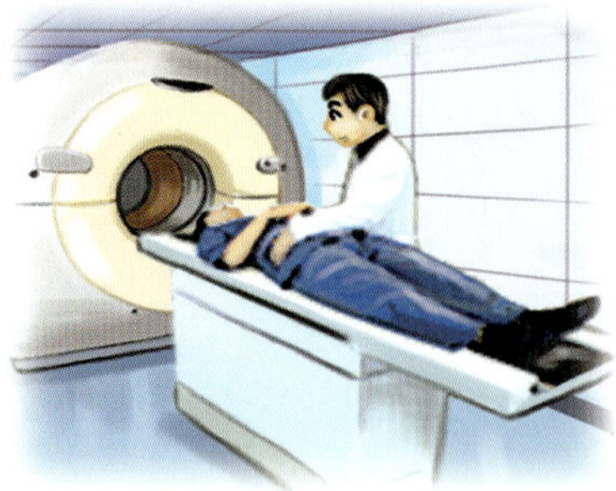

위 그림의 사람들은 건강을 지키기 위해 무엇을 하고 있습니까?
여러분은 건강에 관심이 많습니까? 건강을 지키기 위해서 무엇을 합니까?

CD2:42~43

정희 속이 좀 아프다더니 병원에 갔다 왔어요?

웨이 바로 다녀왔지요. 의사 말로는 위에 염증이 약간 생겼다고 며칠 약만 먹으면 된다고 했지만 다시 한 번 검사해 보려고 해요.

정희 의사 선생님이 괜찮다고 하셨으면 굳이 다시 검사할 필요가 없을 것 같은데요. 내가 보기에 웨이 씨는 지나치게 건강을 생각하는 것 같아요. 영양제도 매일 대여섯 알씩 먹고 때 맞춰 보약도 꼭 먹고요.

웨이 내 건강은 내가 챙겨야죠. 평생 건강하게 살자면 건강에 좋은 음식 챙겨 먹고 운동도 부지런히 해야 돼요.

정희 그렇긴 한데, 웨이 씨처럼 남들이 건강에 좋다고 하는 걸 한다고 해서 건강이 지켜지는 건 아닌 것 같은데요. 병 없이 오래 살기 위해서는 적게 먹고 마음 편하게 사는 게 최고 아니에요?

웨이 신경 쓰는 만큼 건강하게 오래 살 수 있는 거예요.

염증
굳이
지나치다
영양제
보약

어휘

비만	채식	성인병	유기농
건강 검진	만성피로	종합영양제	건강 보조 식품

01 현대인에게 많은 질병 혹은 문제는 무엇입니까? 또 현대인은 이 문제를 해결하기 위해 무엇을 합니까?

현대인의 질병은?

- **만성피로**
- **고혈압**에 잘 걸린다.
-
-
-

이를 해결하기 위해 사람들은?

- **건강 검진**을 받는다.
- **건강 보조 식품**을 먹는다.
-
-
-

02 빈칸에 알맞은 어휘를 쓰십시오.

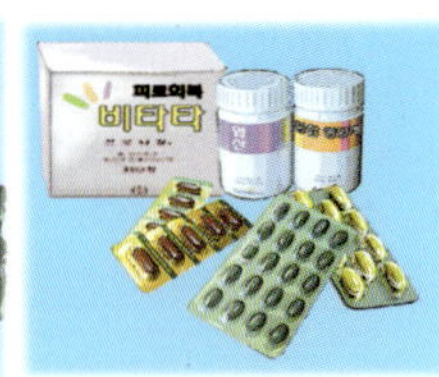

현대인은 밤낮 없이 일하며 각종 스트레스 때문에 **만성피로** 에 시달린다. 또 바쁜 일상으로 패스트푸드를 즐겨 먹게 되며 이로 인해 __________ 도 늘고 있다. 이러한 비만은 __________, 심장병, 암과 같은 각종 __________ 을/를 유발하며 최근에는 이로 인한 사망도 늘고 있다. 그래서 요즘은 건강에 많은 관심을 가지고 건강하게 살려는 사람들이 많다. 몸에 해로운 담배나 술을 되도록 하지 않으려고 하고 여러 가지 운동으로 건강을 지키려고 한다. 또 육식보다는 __________ 을/를 주로 하고 농약이나 비료를 사용하지 않은 __________ 과일이나 채소를 찾는 사람이 많다. 또한 질병을 미리미리 발견하기 위해 병원에 가서 정기적으로 __________ 을/를 받는 것도 잊지 않는다. 그러나 건강에 대한 걱정 때문에 __________ 이나/나 __________ 에 지나치게 의존하는 사람들도 늘고 있다.

문법 연습

으로는/로는

01 어젯밤 12시 30분쯤 보석가게에서 도난 사건이 발생했습니다. 짝을 지어 각각 [가]와 [나]의 이야기를 읽고, 읽은 이야기를 서로에게 전하십시오. 그리고 범인을 찾으십시오.

[가]

종업원 박 씨 : 밤 12시쯤 문을 잠그고 퇴근했어요. 버스를 타고 집으로 돌아갔으니까 한 1시쯤 집에 들어갔을 거예요.

보석 가게 주인 : 그 날 아침 경비 업체 직원이 전화를 해서 경보 시스 템 점검이 있으니 시스템을 꺼 놓고 가게 문을 닫으라고 했습니다.

[나]

종업원 박 씨의 하숙집 주인 : 그 날은 좀 피곤해서 일찍 잠이 들었어요. 새벽 1시쯤에 잠깐 깼는데 그 때는 박 씨 방의 불이 꺼져 있었어요.

경비업체 직원 : 저희 경비 회사에서는 전화를 한 적이 없습니다.

종업원 박 씨의 말로는 밤 12시쯤 문을 잠그고 퇴근했대요. 그리고 버스를 타고 1시쯤 집에 들어갔대요.

그래요? 박 씨의 하숙집 주인 말로는 그날 좀 피곤해서 일찍 잠이 들었다가 새벽 1시쯤 깼는데…

-을/ㄹ 필요가 없다

02 다음과 같은 일을 할 필요가 있을까요? 이야기해 보십시오.

필요가 있다	필요가 없다	
수학이나 과학을 배운다.	✔	
옛날 애인의 이야기를 새로운 애인에게 숨긴다.		
시험을 보기 전에 지금까지 배운 모든 단어를 외운다.		
친구에게 돈을 빌려줄 때 차용증을 쓴다.		
전통을 따른다.		

수학이나 과학은 꼭 배울 필요가 있어요. 모든 학문의 기초가 되니까요.

아니에요. 수학이나 과학은 배울 필요가 없어요. 일상 생활에 전혀 쓸모가 없잖아요.

과제 1 말하기

다음의 사람들은 건강을 위해 열심히 노력하는 사람들입니다. 여러분은 뭐라고 이야기 해 주겠습니까?

나는 집에 가는 길에 매일 약국에 들러 피로회복제를 사서 마신다. 그리고 영양제도 대여섯 종류씩 매일 챙겨 먹는다.

나는 건강을 위해 운동이 반드시 필요하다고 생각한다. 그래서 바쁠 때는 점심 시간에 점심을 먹는 대신 헬스클럽에 가서 운동을 한다.

건강을 위해서는 건강 검진이 꼭 필요하다. 그래서 나는 1년에 두 번 이상 병원에 가서 종합 검진을 받는다.

건강에는 물이 아주 중요하다. 그래서 나는 그냥 물은 안 마시고, 몸에 좋은 약초를 넣어서 만든 물을 물 대신 마시고 있다.

운동은 많이 할수록 좋다고 생각한다. 그래서 나는 매일 두 시간 이상 운동을 하고, 주말이면 수영장에서 4시간 이상을 보낸다.

[보기]

가 : 요즘 현대인들은 건강에 관심이 많은 것 같아요.

나 : 네, 맞아요. 그래서 저도 건강을 유지하기 위해 매일 피로회복제를 마셔요. 그리고 영양제도 대여섯 종류씩 매일 챙겨 먹어요.

가 : 건강이 중요하기는 한데 매일 피로회복제를 **마실 필요가 없어요**. 정말 피곤할 때만 가끔 드시는 게 좋아요. 그리고 영양제도 대여섯 개씩이나 **드실 필요가 없습니다**. 한두 개 정도만 드시는 게 좋을 것 같습니다.

과제 2 읽고 말하기

01 여러분 나라에서는 건강에 대해 관심이 많습니까? 건강에 대한 정보를 주로 어디에서 얻습니까?

02 다음은 건강에 대한 텔레비전 프로그램으로 인해 일어났던 일입니다.

지난 2000년 전국의 약국에서는 비타민C를 사려는 사람들로 큰 난리가 났었다. 일부 약국에서는 평소보다 20~30배가 더 팔리고, 한꺼번에 많이 사 가는 사람들 때문에 10분 만에 모든 제품이 바닥나기도 했다. 이것은 텔레비전 프로그램에서 어느 의대 교수가 "비타민C는 고혈압, 중풍, 심장병 등 여러 질병에 효과가 있다"고 말한 다음 날 생긴 일이다.

또 지난 1980년대 말, 한 텔레비전 프로그램에 나온 박사가 "채식 위주의 식생활로 성인병을 예방할 수 있다"고 말한 다음, 많은 고기집이 망해서 문을 닫아야 했다. 또 어떤 드라마에서 매실이 좋다고 하자 너도 나도 매실을 찾아 매실이 모두 바닥나기도 했다.

1) 위의 내용을 아래 표에 정리해 보십시오.

	사회 현상	원인
1	전국의 약국에서 비타민 C를 사려는 사람들이 갑자기 많이 늘었다.	
2		텔레비전에 나온 박사가 채식 위주의 식생활로 성인병을 예방할 수 있다고 했기 때문에.
3		

2) 현대인은 왜 그렇게 건강에 관심을 가질까요? 다음을 읽고 정리해 보십시오.

왜 이런 일들이 벌어졌을까? 우리나라 중년 세대, 특히 40대 남성의 사망률은 세계적으로 높다. 한창 일할 나이의 형제나 친구가 갑자기 암이나 심장병으로 죽는 모습을 보면서 '남의 일이 아니구나'하는 생각에 자신의 건강을 되돌아보게 된다. 한국의 중년 남성들은 건강이 나빠지면 다른 사람과의 관계가 끊어지고 생활이 어려워지거나 가정이나 직장 등에서 자기의 역할을 하지 못할까 봐 아주 두려워한다.

또 환경오염이나 전자파 등 현대인의 건강을 해치는 것들이 많아졌기 때문에 현대인들은 건강에 대해 더 불안해한다.

❶ **형제나 친구가 갑자기 죽는 것을 보고 건강을 되돌아보게 된다.**

❷

❸

❹

03 왜 건강에 대한 사람들의 관심이 점점 늘어난다고 생각합니까? 이야기해 보십시오.

04 의사소통이 단절되어 문제가 나타납니다

학습 목표 ● 과제 논리적인 글쓰기 ● 어휘 담화 표지 ● 문법 -고자, -음에 따라

왼쪽 그림의 사람들은 대화를 많이 하는 것 같습니까? 여러분은 누구와 가장 많이 이야기합니까?
오른쪽 그림의 사람들처럼 여러분도 다른 사람과 이야기할 때 서로 의사소통이 안 된 적이 있습니까? 의사소통의 어려움은 왜 나타날까요?

CD2:44~45

사회자 요즘 사회적으로 의사소통이 단절되어 많은 문제가 나타나고 있습니다. 오늘은 그 문제에 대해 이야기해 보고자 합니다.

학생1 최근에 자살이 증가하고 있는데 이런 사람의 곁에 함께 고민해 줄 누군가가 있었다면 그런 선택을 하지는 않았을 것 같아요.

학생2 그렇죠. 그리고 인터넷 등이 보급됨에 따라 사람들의 만남이 많아지기는 했는데 예전에 비해 깊은 만남이 없어진 것도 의사소통을 어렵게 하고 있어요.

학생1 맞아요. 저도 아는 사람은 많은데 막상 어떤 고민이 있을 때 그 얘기를 터놓고 할 수 있는 사람은 많지 않은 것 같아요.

사회자 그래서 현대인들이 점점 외로워진다고들 하지요. 그리고 가족 간의 의사소통 단절 문제도 심각합니다.

학생2 저도 아버지와 대화해 본 게 언제인지 몰라요. 보통 저녁이면 아버지는 안방에서 뉴스 보시고 어머니는 거실에서 드라마 보시고 저와 동생은 각자 방에서 인터넷을 하니까요.

의사소통
단절
자살
증가하다
보급되다
터놓다

어휘

또한	반면	우선	그 결과
따라서	예를 들면	이외에도	마지막으로

01 서로 어울리는 문장을 연결하고 이야기를 만드십시오.

1) 한글은 과학적인 글자이다.

2) 최근 20~30대 남녀의 결혼율이 점점 줄고 있다.

3) 살을 빼려면 생활습관을 활동적으로 바꿔야 한다.

4) 지구는 우리 모두의 생명의 터전이다.

5) 우리가 조금만 조심한다면 감기를 미리 예방할 수 있다.

- **우선** 집에 오자마자 손발을 깨끗이 씻고 양치질을 한다.
- **또한** 독창적이기도 하다.
- **반면** 50~60대 부부의 이혼율은 증가하고 있다.
- **따라서** 하나뿐인 이 지구가 오염되지 않도록 잘 보존해야 한다.
- **예를 들면** 버스나 지하철에서는 앉지 말고 선다든가 계단은 엘리베이터를 타지 말고 걸어서 올라간다든가 하는 것 등이다.

1) 한글은 과학적인 글자이다. 또한 독창적이기도 하다.

2)

3)

4)

5)

02 빈칸에 알맞은 어휘를 쓰십시오.

문화적 차이는 의식주뿐만 아니라 세계를 이해하고 인식하는 방법에서도 나타난다. 미국의 한 심리학과 교수는 동아시아 문화권의 학생들과 유럽 문화권 학생들을 대상으로 다음과 같은 실험을 했다. 우선 소와 닭, 풀이 그려진 그림을 보여 주고 관련이 있는 두 그림을 고르게 했다. 다음으로 판다와 원숭이, 바나나 그림을 보여주고 이 중 가장 관련이 있는 두 가지를 고르게 했다. 실험 결과, 동양인 학생들은 대부분 소와 풀의 그림 두 장을 고르고 원숭이와 바나나가 서로 관련이 있다고 대답했다. ________ 서양인 학생들은 소와 닭 그림을 고르고 팬더와 원숭이가 서로 관련이 있다고 대답했다. 그리고 ________ 왜 그렇게 골랐는지 그 이유에 대해서 물어 보았더니 서양인들은 소와 닭, 판다와 원숭이가 같은 동물의 범주에 속하기 때문이라고 했고 동양인들은 '소가 풀을 먹기 때문에', '원숭이가 바나나를 먹기 때문'이라고 했다. 이 실험을 통해 우리는 동양인과 서양인의 생각이 얼마나 많이 차이가 나는지 알 수 있다. ________ 이러한 차이로 인해 언어생활에서도 서양인들은 명사를 상대적으로 더 많이 사용하고 동양인들은 동사를 더 많이 사용한다고 한다.

이제 우리는 원하든 원하지 않든 다른 문화권의 사람들과 소통하며 살아가야 한다. ________ 이제부터는 과거의 배타적인 태도에서 벗어나 서로 이해하고 진정으로 소통하려는 노력을 더욱 더 해야 할 것이다.

문법 연습

-고자

01 여러분이 다음의 인물이 되어 인터뷰에 대답해 보십시오.

새 서울 시장 후보	서울의 부동산 문제와 교통 문제가 심각해 이를 해결하고 싶다.
역사학자	한국 문화 유적지를 돌아보고 문화적 가치를 논문으로 쓰려고 한다.
기업 연구소 직원	신제품에 대한 소비자의 반응을 알아보고 싶다.
정치학과 지망생	한국 근대 정치사를 연구해 보고 싶다.
상금을 받은 사람	상금을 집안 형편이 어려운 학생들의 장학금으로 쓰려고 한다.

1) 서울 시장으로 출마하셨는데 출마하신 이유가 무엇입니까?
2) 이번에 한국에 오신 목적이 무엇입니까?
3) 이번 설문 조사를 하게 된 이유는 무엇입니까?
4) 왜 정치학과를 지망하셨습니까?
5) 상금으로 받은 1억 원은 어디에 쓰실 계획입니까?

서울의 부동산 문제와 교통 문제가 심각해 이를 해결 해 보고자 출마하게 되었습니다.

-음에/ㅁ에 따라

02 다음의 영향으로 어떤 변화 혹은 결과가 나타날까요?

1) 의학의 발달로 인간의 평균 수명이 길어졌다.

평균 수명이 길어짐에 따라 건강한 삶에 대한 관심이 높아지고 있다.
노인 인구가 급속도로 증가하고 있다.

2) 점점 젊은 남녀의 결혼율이 감소하고 있다.

결혼율이 감소함에 따라 출산율도 감소하고 있다.

3) 경제 발전으로 국민 소득이 증가했다.

국민 소득이 ____________

4) 환경오염이 점점 심해지고 있다.

이렇게 환경오염이 ____________

5) 요즘은 불경기여서 취업하기가 힘들어졌다.

취업하기가 ____________

과제 1 말하기

의사소통 단절 문제에 대한 다음의 원인을 이용하여 친구들과 같이 토론해 보십시오.

의사소통 단절의 원인

1) 인터넷이 보급됨.
2) 텔레비전 시청으로 대화가 적어짐.
3) 아이들이 학원이나 과외 등으로 바빠짐.
4) 급격한 사회 변화로 인해 세대 차이가 생김.
5) 부부가 맞벌이를 하여 대화할 시간이 부족함.

최근 사회적으로 의사소통이 단절되어 많은 문제가 나타나고 있습니다. 오늘은 그 문제의 원인에 대해 이야기해 **보고자** 합니다. 좋은 의견이 있으면 말씀해 주십시오.

제 생각에는 인터넷이 보급됨에 따라 사람들이 깊이 있는 만남보다는 간단한 채팅 등을 하며 가벼운 만남을 더 즐기기 때문인 것 같아요.

과제 2 듣고 쓰기 [CD2:46]

01 이야기를 듣고 각각 누구와 누구의 의사소통 단절 문제에 대한 이야기인지 연결하십시오.

[1] • • 가족들과의 의사소통 단절

[2] • • 교수와 학생의 의사소통 단절

[3] • • 부하직원들과의 의사소통 단절

02 의사소통 단절의 원인과 해결책은 무엇일까요? 다음을 읽고 답하십시오.

인터넷이라는 통신 매체의 발달과 텔레비전, 라디오 등과 같은 대중매체의 발달은 우리 생활에 많은 편리함을 가져다 주었다. 반면, 이로 인한 여러 가지 사회 문제들도 생겨나게 했다. 그 중 가장 심각한 것은 의사소통의 단절로 인해 사회에 적응하지 못하는 현대인들이 많아지고 있다는 것이다. 이는 가족 및 친구와 보내는 시간이 줄어들고 사람들이 인터넷 같은 온라인 생활로 많은 시간을 보내고 있기 때문이다. 인터넷이나 텔레비전과 같은 매체는 누구나 쉽게 접근할 수 있고, 서로 의사소통하는 관계가 아닌 일방적으로 정보를 제공받기만 하는 특징이 있다. 그렇기 때문에 많은 사람들이 직접적으로 만나는 사회적 생활보다는 편리하고 손쉬운 인터넷이나 대중 매체에 빠져 들게 된다. 그 결과, 사람 사이의 관계를 만들어 갈 기회가 줄어들고 인간관계 단절이라는 문제를 낳게 된 것이다.

그럼 이 문제에 대한 해결책은 무엇인가? 가장 근본적인 해결책은 나와 너의 관계, 즉 인간과 인간 사이의 직접적인 만남과 관계를 가질 수 있도록 우리 스스로가 노력해야 한다는 것이다. 또한 지역 공동체, 시민 활동 등에 적극적으로 참여하여 많은 사람들과 만날 기회를 만들어 다른 사람과의 올바른 관계 형성에 노력해야 할 것이다. 그리고 인간의 욕심과 이기적인 욕망을 최대한 줄여야 한다. 곧 물질만능주의에서 벗어나 인간 중심의 삶의 방식으로 바꿀 필요가 있다.

1) 의사소통 단절의 원인은 무엇입니까?

❶ **인터넷의 보급**

❷ ....

2) 의사소통 단절 문제를 어떻게 해결할 수 있다고 했습니까?

❶ **사람들과 직접적인 만남을 갖도록 노력해야 한다.**

❷ ....

❸ ....

3) 위 글에서 나온 원인과 해결책 외에 또 어떤 것들이 있을까요? 이야기해 보십시오.

03 위에서 정리한 내용들을 가지고 '현대사회의 의사소통 단절 문제와 해결방법'이라는 제목으로 글을 써 보십시오.

최근 인터넷과 대중매체의 발달은 우리 생활을 편리하게 해 주었지만 여러 가지 사회 문제도 생기게 했다. 그 중 가장 심각한 것은 의사소통의 단절이다. 예를 들면

이러한 의사소통의 단절이 생기는 원인은 첫째,

이러한 의사소통 단절 문제를 해결하기 위해서는 우선

마지막으로는

05 정리해 봅시다

• 어휘

01 '가'와 '나'의 어휘 중 서로 어울리는 것을 연결하여 쓰십시오.

가	나
보상 자살 증상 염증 회의 영양제 의사소통	들다 먹다 받다 생기다 나타나다 단절되다 증가하다

1) 보상을 받다
2) ____________________
3) ____________________
4) ____________________
5) ____________________
6) ____________________
7) ____________________

02 빈칸에 알맞은 어휘를 쓰십시오.

예	굳이	보약	최근	의식적	보급되다	물질만능주의

1) 요즘 자꾸 우울해져서 __________ 으로/로 좋은 생각만 하려고 노력하고 있어요.
2) 의사 선생님이 괜찮다고 하셨는데 __________ 입원을 할 필요가 있겠어요?
3) __________ 가장 심각한 사회 문제는 '저출산, 노인인구 증가'이다.
4) 인터넷이 널리 __________ 음에/ㅁ에 따라 집에서도 쉽게 물건을 사고 팔 수 있게 되었다.
5) 요즘 우리 아이가 몸이 약해진 것 같아서 __________ 이라도/라도 지어 먹여야겠어요.
6) 환경 문제가 점점 심각해지고 있다고 합니다. 그 __________ 으로는/로는 어떤 것들이 있을까요?
7) 돈이면 무슨 일이든 다 할 수 있다는 __________ 은/는 점점 사람 사이의 '정'을 사라지게 하고 있다.

• 문법

다음 상황에 맞게 대화를 완성하십시오.

웨이는 의사가 소화불량이라고 했지만 계속 걱정이 되어 병원에 건강 검진을 받으러 간다. 친구는 의사가 괜찮다고 했는데 굳이 건강 검진을 받는 웨이를 이해할 수 없다.

친구 : 웨이야, 어디 가니?

웨이 : 병원에 가.

친구 : ______________________ 니? ______________________ 게.

웨이 : 계속 소화가 안 돼서. ____________ 으로는/로는 신경성 소화불량이라는데 몇 주일째 계속 그러니까 아무래도 건강 검진을 받아 봐야 할 것 같아.

친구 : 의사가 괜찮다고 하는데 ________________ 을/ㄹ 필요가 있겠니?

웨이 : 그래도 걱정이 돼서 안 되겠어. 건강 검진을 받고 이상이 없다고 해야 안심할 수 있을 것 같아.

영철이 어머니는 요즘 젊은 여자들이 집 없는 남자와는 결혼하지 않으려고 한다는 말을 듣고, 영철이에게 내년에 작은 아파트라도 사주자고 남편에게 말한다. 영철이 아버지는 시대가 변하면서 경제는 발전하는데 사람들의 의식수준은 오히려 뒤떨어진다고 한다.

아내 : 여보. 내년에는 ______________________________ 을까/ㄹ까 봐요.

남편 : 갑자기 무슨 아파트야?

아내 : 요즘 젊은 여자들은 ______________________ 이라야/라야 결혼할 생각을 한다잖아요. 이러다가 우리 영철이 결혼도 못하겠어요.

남편 : 그것 참 문제군. ______________ 음에/ㅁ 에 따라 경제는 발전하는데 사람들의 의식수준은 오히려 뒤떨어지고 있으니….

최 부장은 지난번 프로젝트는 수정, 보완 작업만 남았기 때문에 다 끝난 것이나 다름없다고 생각하고, 다음 주부터 새로운 프로젝트를 시작하려고 한다. 김 대리는 나머지 작업을 혼자 다 하다가는 병이 날 것 같다고 부장님께 불평한다.

최 부장 : 다음 주부터는 .... 고자 합니다.
김 대리 : 부장님! 지난 번 프로젝트도 아직 다 끝내지 못했는데요.
최 부장 : .... 는/은/ㄴ 셈이지요.
나머지 작업은 김 대리가 마무리해 주세요.
김 대리 : 그 많은 일을 어떻게 저 혼자 다 해요? 이러다가 병이 나겠어요.

• 읽고 말하기

01 다음은 김애란의 소설 '나는 편의점에 간다'의 일부분입니다. 글을 읽고 질문에 답하십시오.

[가]

나는 편의점에 간다. 많게는 하루에 몇 번, 적게는 일주일에 한 번 정도 나는 편의점에 간다. 그러므로 그 사이, 내겐 반드시 무언가 필요해진다.

내가 자주 가는 단골 편의점은 큐마트이다. 그곳의 아르바이트생은 이십대 중반의 청년으로 말수가 적고 무심하다. 큐마트의 청년은 내게 꼭 필요한 말만 건넨다. '이천오백원입니다' 혹은 '데워 드릴까요?' 혹은 '빨대를 넣어 드릴 까요?' 등이 그것이다. 나는 그 점이 아주 마음에 든다. 그가 상품의 바코드에 스캐너를 댈 때면, 손님 쪽을 향해 있는 모니터엔 가격과 잔액 등이 모두 표시된다. 마음만 먹는다면 우리는 어떤 말도 안 할 수 있다.

1) 이 사람은 왜 편의점 '큐마트' 청년이 마음에 듭니까?

2) 이 글은 현대인의 어떤 점에 대해 보여주고 있습니까?

[나]

큐마트에 다니면서 내가 한 가장 큰 착각은 푸른 조끼의 청년과 사적인 말을 하지 않으므로 내 사생활이 전혀 드러나지 않을 것이라고 생각한 데 있었다. 내가 아는 한 큐마트는 '어서 오세요'와 '감사합니다'의 세계였다. 그런데 큐마트를 오래 다니다 보니 나는 뜻밖에 의도하지도 원하지도 않은 내 정보들이 매일 매일 그가 들고 있는 바코드 검색기에 찍혀 나가고 있다는 것을 깨달았다. 예컨대 그는 나의 식성을 안다. 대여섯 종류의 생수 중 내가 어떤 물을 가장 좋아하는지, 자주 사 가는 요쿠르트가 딸기맛인지 사과맛인지, 흑미밥과 쌀밥 중 무엇을 더 선호하는지 등을 말이다. 그는 나의 가족 관계도 알 수 있을 것이다. 새벽마다 와서 햇반을 사 가는 여자, 필수품을 스스로 사는 어린 여자, 젓가락은 한 개만 가져가는 그 여자는 독신이리라. 그는 나의 고향을 안다. 편의점에 겨울옷을 정리한 택배를 부치러 갔을 때, 그는 수수료를 받으며 내 주소를 확인했다. 큐마트는 나의 가장 오랜 단골이 된 덕에, 청년은 내게 단 한 마디의 사적인 대화를 걸지 않고도, 나에 대해 그 어떤 편의점보다 많은 것을 알게 되었다. 그는 나도 모르는 나의 습관을 알고 있을지도 모른다.

1) 편의점 '큐마트'에 대한 이 사람의 (가) 글에서의 생각이 (나) 글에서는 어떻게 바뀌었습니까?

2) 이 사람은 큐마트 청년이 자신에 대해서 무엇을 알고 있다고 생각합니까?

❶ 식성을 안다 .... ❷ .... ❸ ....

YONSEI KOREAN 4

[다]

크리스마스 저녁이었다. 얼마 전 수능을 마친 동생이 재수학원을 알아보러 서울에 오기로 되어 있었다. 그런데 열 시 즈음, 동생이 막차로 막 서울에 도착했다는 전화를 해온 지 얼마 지나지 않아 한 친구가 복통을 호소하며 고통스러운 목소리로 내게 와 줄 것을 부탁했다. 그런데 순간 나는 당황했다. 동생에게 내 방 열쇠가 없었기 때문이다. 단골 가게에 열쇠를 맡기자니 시간이 너무 늦은 데다 크리스마스여서 문 닫은 집이 많았다. 그렇다고 아무 데나 부탁하자니 낯선 이에게 열쇠를 맡기기가 싫었다. 그때 한 사람이 생각났다. 바로 큐마트의 푸른 조끼를 입은 청년이었다. 그는 이 동네에서 나를 아는 몇 안 되는 사람 중의 한 명이었다. 나는 바로 큐마트로 향했다. 내가 숨을 헉헉대며 계산대 앞에 서자, 청년은 의아한 얼굴로 나를 바라보았다. 나는 잠시 망설이다 그에게 웅얼거리듯 말했다.

"저 죄송하지만 부탁이 있는데요."

청년은 이제 막 먹으려 했던 도시락을 손에서 놓지 않은 채 내게 말했다.

"네?"

나는 열쇠 이야기를 꺼내기 전, 먼저 우리의 친밀함을 그에게 설명하는 게 도움이 될 거라는 생각이 들었다.

"저… 아시죠?"

그는 도시락을 쥔 채 내 얼굴을 빤히 쳐다보았다.

"저, 이 근처 사는… 항상 제주 삼다수랑, 디스플러스랑 사 갔었는데…"

청년이 계속 모를 듯한 표정을 짓자 나는 조바심이 났다.

"깨끗한 나라 화장지랑, 햇반은 흑미밥만 샀는데… 모르시겠어요?"

그는 양미간을 찌푸리며, 마치 취중에 함께 하룻밤을 보낸 여자를 기억해 내려는 듯 난처한 표정을 지었다. 그리고는 마침내 입을 열어 대답했다.

"손님, 죄송하지만 삼다수나 디스는 어느 분이나 사 가시는데요."

나는 잠시 멈칫했다. 그는 여전히 나를 말갛게 쳐다보고 있었다. 내 주머니 속에는 건네지 못한 열쇠가 들어 있었다. 열쇠를 쥔 손바닥에선 땀이 났다.

1) 이 글에서는 현대인의 어떤 모습이 그려지고 있습니까? (　　　)

❶ 현대인은 편리한 것을 좋아한다.

❷ 현대인은 다른 사람에게 무관심하다.

❸ 현대인의 생활은 모든 것이 자동화되어 있다.

❹ 현대인의 정보는 의도하지 않아도 남에게 알려지게 된다.

(출전 : 김애란, 〈달려라 아비〉 중 '나는 편의점에 간다)

02 다음은 이 소설을 읽고 쓴 감상문의 일부분입니다. 여러분도 이와 같이 이 소설에 대한 감상문을 써 보십시오.

도입	편의점은 동네 구멍가게와는 조금 느낌이 다르다. 500원어치 콩나물 정도는 "외상이요~ 다음에 드릴게요."라고 해도 주인이 웃으며 인사할 것 같은 동네 구멍가게와는 달리 편의점은 삼각 김밥의 외상도 통하지 않는 좀 더 딱딱하고 정이 없는 곳이다. 이런 편의점에서 화자는 자신의 사생활이 남에게 알려지는 것을 아주 싫어하며 별 의미 없는 인간관계를 거부한다.
소설의 줄거리	그래서 화자는 큐마트에 자주 간다. 그 곳에는 자동문이 있고 잔잔한 음악이 있고 무엇보다 말수가 적고 무심한 알바생이 있다. 큐마트의 알바생은 화자에게 아무 것도 묻지 않았지만 그가 들고 있는 바코드 검색기에는 화자의 많은 사적인 정보들을 알 수 있는 단서가 있고 그가 원한다면 화자에 대해 많은 것을 알 수도 있다. 그래서 화자는 그가 자신에 대해 안다고 생각했다. 크리스마스 저녁에 화자는 열쇠를 맡길 곳을 고민하다가 큐마트로 간다. 하지만 알바생은 자신을 전혀 알아보지 못한다.
느낀 점	자신의 정보가 드러나는 것을 아주 싫어하던 화자도 열쇠를 맡길 일이 생기자 편의점으로 간다. 현대 사회를 살고 있는 우리 또한 화자와 비슷하다. 잘 모르는 타인과의 접촉을 피하고 자신의 정보가 남에게 알려지는 것을 싫어하지만 사실 우리는 남들이 우리의 외로움을 알아주기를 바란다.

도입	
소설의 줄거리	
느낀 점	

문화

한국인의 여유: 조선 시대의 청빈 사상

조선시대 유학은 청빈과 절제를 최고의 미덕으로 삼았습니다. 조선 시대의 대표적 유학자였던 퇴계 이황, 율곡 이이도 이러한 사상을 그대로 실천한 사람입니다. 퇴계 이황에 대해서는 많은 일화가 전해지고 있습니다. 퇴계가 젊어서 과거를 보러 서울로 가는 길에 시중을 들던 하인이 남의 밭에서 따온 콩으로 밥을 지어 올리자, 남의 것을 욕심내면 안 된다고 하인을 호되게 꾸짖고는 그 밥을 먹지 않았다고 합니다. 또 서울에 살 때 이웃집 밤나무 가지가 담을 넘어 뻗어서 알밤이 퇴계 선생의 집으로 떨어지자, 자신의 자식들이 그 밤을 주워 먹을까 걱정되어 땅에 떨어진 이웃집 밤을 모두 주워 그 집에 돌려주었다고 합니다. 또 관리가 되어 재직할 때도 아랫사람들이 바치는 물건들은 절대로 받지 않았으며, 그 마을에게 관직을 그만두고 고향으로 돌아갈 때는 처음 그 마을에 가지고 왔던 것 이외에 다른 짐은 없었다고 합니다. 율곡 이이도 조선 시대 고관직까지 했지만, 평생을 가난하게 살아 그가 세상을 떠났을 때 그의 집에는 아무 재산도 없었으며, 수의조차 준비를 못해 친구들의 도움으로 마련했을 정도라고 합니다. 당시 시대상이 매우 부패하여 다른 고관대작들은 권력을 이용하여 많은 재물을 모았던 시대였음을 생각할 때 율곡의 청렴결백이 어느 정도였는지 알 수 있습니다.

이와 같이 조선 시대의 유학자는 지나친 물욕을 자제하고 청빈한 삶 속에서, 재물에 대해 욕심을 부려 추하게 되지 않도록 항상 이를 경계했습니다. 그리고 이러한 가난함 속에서도 마음의 여유를 가지고 삶을 즐길 줄 아는 지혜를 가지고 있었습니다. 마음의 여유가 있으면 주위에는 즐거움이 산재해 있기 때문입니다.

1. 조선시대 '청빈'의 정신을 실천한 대표적인 유학자의 예로는 어떤 사람들이 있습니다?

2. 여러분 나라에도 조선시대의 '청빈과 절제' 같은 정신이 있었습니까?

문법 설명

01 -게

앞에 어떤 상황을 묻거나 추측하고 그와 같이 묻거나 추측한 근거를 뒤에 댈 때 쓴다.

- 친구가 없니? 혼자서 밥을 먹게.
- 많이 춥니? 그렇게 오들오들 떨게.
- 누구 기다리는 사람이 있으세요? 아까부터 주위를 두리번두리번 살피시게요.
- 오늘 기분 좋은 일 있었나 봐. 그렇게 싱글벙글 웃게.
- 무슨 바쁜 일 있으세요? 아침부터 일찍 나오셨게요.

02 -을까/ㄹ까 보다

아직 확실히 결정한 것은 아니지만 그 행동을 할 마음이나 생각이 있을 때 쓴다. 받침 있는 동사 뒤에는 '-을까'를, 받침 없는 동사 뒤에는 '-ㄹ까'를 쓴다.

- 마땅한 사람이 없으니 이번에는 투표하지 말까 봐요.
- 오늘은 약속도 없고 할 일도 없으니 집에 가서 비디오나 볼까 보다.
- 옷이 아주 맘에 안 드는 것은 아니지만 비슷한 옷이 있으니까 바꿀까 봐요.
- 오늘부터는 운동도 할 겸 기름 값도 절약할 겸 자전거로 출퇴근할까 봐요.
- 다른 운동은 시간도 많이 들고 돈도 많이 드니까 저는 집에서 비디오로 요가나 할까 봐요.

03 -는/은/ㄴ 셈이다

사실 꼭 그렇지는 않지만 앞뒤의 상황으로 짐작해 볼 때 그런 정도이거나 그러한 결과라고 말할 수 있을 때 쓴다.

- 제 월급의 반 이상을 저금하니까 많이 저축하는 셈입니다.
- 백 명 중 아흔 아홉 명이 찬성했으니 거의 다 찬성한 셈이다.
- 임금은 올랐지만 물가가 더 많이 올랐으니, 결국 임금이 안 오른 셈이죠.
- 지난번에는 자네가 이겼고 이번에는 내가 이겼으니 서로 비긴 셈이네.
- 주최 측에서 숙박료와 식사를 모두 제공하고 있으니 이번 여행은 거의 무료인 셈이지.

04 이라야/라야

명사 뒤에 붙어, 앞에 나타난 조건에서만 뒷 문장과 같은 결과가 나타남을 강조할 때 쓴다. 받침 있는 명사 뒤에는 '이라야', 받침 없는 명사 뒤에는 '라야'를 쓴다.

- 그 영화는 성인이라야 볼 수 있다고 한다.
- 결혼한 사람이라야 저희 동호회 회원 자격이 됩니다.
- 이 문제는 전문가라야 풀 수 있을 것이다.
- 이 곳에서는 18세 이상이라야 자동차를 운전할 수 있습니다.
- 참을성이 있는 사람이라야 그 일을 할 수 있을 것이다.

05 으로는/로는

'로'에 '는'이 결합한 복합조사로, 명사 뒤에 붙어 그것이 근거가 됨을 나타낸다.

- 내가 듣기로는 그 친구가 먼저 때렸다고 하던데.
- 지금 형편으로는 저는 대학에 갈 처지가 못 됩니다.
- 현재로는 그 계획의 실현 가능성은 거의 없다고 봐야겠지요.
- 제 판단으로는 그 청년이 이 일에 적합할 것 같습니다.
- 그 친구 얘기로는 회사에서 쫓겨난 것이 아니라 자기가 먼저 사표를 냈다고 하던데요.

06 -을/ㄹ 필요가 있다, 없다

'-을 필요가 있다'는 무엇을 하기 위해 필수적이거나 의무적인 조건임을 나타낼 때 쓴다. '-을 필요가 없다'는 그러한 조건이 필수적이지 않을 때 쓴다.

- 앞으로 이 문제에 대해서는 좀 더 철저하게 살펴볼 필요가 있습니다.
- 현재의 삶에 만족하고 있는지 한번쯤 자신에게 물어볼 필요가 있다.
- 그걸 전해 주기 위해 저희 집까지 직접 오실 필요 없습니다. 그냥 우편으로 부치세요.
- 꼭 여기에서 대학을 다닐 필요 없으니까 고향으로 돌아가야겠어.
- 내가 알아서 처리할 테니 걱정할 필요 없어.

07 -고자

문장의 주어의 의도를 나타낼 때 쓴다. 동작동사와만 결합하며, 뒷 문장에는 명령이나 청유의 문장이 올 수 없다. '-고자 하다'로도 많이 쓰인다.

- 저는 자식들에게 부끄러운 아버지가 되지 않고자 끊임없이 노력해 왔습니다.
- 그는 3년간의 유학을 마치고 자신의 뜻을 펴고자 고국으로 돌아왔다.
- 저는 여기서 저의 유년 시절과 청소년 시절에 대해 잠깐 이야기하고자 합니다.
- 경제적으로 여유가 없어 미술품을 감상하지 못했던 사람들에게 미술품 감상의 기회를 주고자 이번 전시회를 기획하게 되었습니다.
- 그 내용을 앞으로의 논의 내용에서 좀 더 자세히 다루고자 한다.

08 –음에/ㅁ에 따라(서)

앞 문장의 상황이나 기준에 의해서 뒷 문장의 결과가 나타나게 되었을 때 쓴다. 받침이 있는 동사 뒤에는 '–음에 따라'를, 받침이 없는 동사 뒤에는 '–ㅁ에 따라'를 쓴다.

- 나이를 먹어 감에 따라 근심 걱정이 늘어간다.
- 우리말은 모음의 길고 짧음에 따라 뜻이 달라지기도 한다.
- 몸무게가 늘어남에 따라 몸이 점점 둔해지고 건강도 나빠진다.
- 경제가 호황을 겪음에 따라 급격한 소비문화가 확산되어 갔다.
- 두 나라의 관계가 가까워짐에 따라 수출과 수입 등 무역이 활발해졌다.

듣기 지문

듣기 지문

6과 1항 과제 2 [CD2:03]

[1] 저는 요즘 피부가 안 좋아져서 인터넷에서 정보를 찾아 그대로 해 봤다가 부작용 때문에 고생을 했습니다. 얼굴이 빨갛게 부어오르고 너무 가려워서 아무일도 할 수 없었지요. 치료를 받으러 병원에 갔더니 제 피부에 맞지 않는 재료를 사용해서 그렇게 됐다고 하더군요. 그 이후 2주일 이상 병원에서 치료를 받았어요. 저는 이 일로 인터넷에서 나온 정보를 무조건 믿으면 안 된다는 사실을 깨닫게 되었습니다.

[2] 이웃사람이 건강보조식품을 먹으면서 건강이 좋아졌다기에 저도 인터넷에서 그 약의 효능을 알아보고 구입해서 먹기 시작했습니다. 그런데 그 약을 먹은 지 두 달이 지나면서부터 가슴이 뛰고 어지럼증이 심해졌습니다. 그렇지만 보통 때도 가끔 어지럼증이 있었기 때문에 심각하게 생각하지 않고 계속해서 그 약을 먹었지요. 그러다가 어느 날 갑자기 쓰러져서 병원에 입원을 하게 되었는데 의사 선생님 말씀이 그 약이 제 몸에 맞지 않고 오히려 독이 된다고 했습니다.

[3] 저는 가끔 허리와 다리가 많이 아파서 병원에 가 봐야겠다는 생각을 하고 있었습니다. 그러다가 인터넷에서 이런 증상을 가진 사람들이 운동을 해서 나았다는 정보를 얻게 되었습니다. 그래서 인터넷에서 알려 준 대로 운동을 해 보기로 했지요. 전에는 전혀 운동을 하지 않았던 제가 약보다 운동으로 고칠 수 있으면 좋겠다는 생각에 한 달 이상 꾸준히 운동을 했습니다. 그런데 언제부터인가 증상이 더 심해져서 걷기가 힘들어졌습니다. 그래서 병원에 갔더니 의사 선생님께서 운동 방법이 잘못되어 몸에 무리가 온 거라고 하더군요.

7과 2항 과제 2 [CD2:14]

사회자 나라마다 선물을 줄 때 피해야 할 것이 있다고 들었습니다. 예를 들면 한국에서는 병문안을 갈 때 하얀 꽃을 안 가지고 가고, 말레이시아에서는 강아지나 개 그림이 있는 것을 선물하지 않는다고 합니다.

오늘은 선물을 줄 때 조심해야 할 금기에 대해 이야기해 보겠습니다. 먼저, 일본에서 오신 다카하시 씨, 일본에서는 선물을 할 때 어떤 점을 조심해야 하나요?

다카하시 일본에서는 흰색 꽃이나 칼을 선물하면 안 됩니다. 왜냐하면 흰색은 죽음을 뜻하고 칼은 그동안의 관계를 끊는다는 걸 의미하기 때문입니다. 또 일본에서는 짝수로는 선물을 하지 않습니다. 따라서 꽃도 여섯 송이 여덟 송이 등 짝수로는 선물하지 않아요.

사회자 아, 그렇군요. 슈테파니 씨, 독일은 어떻습니까?

슈테파니 독일에서도 꽃을 선물할 때 짝수가 아닌 홀수로 선물하는데 열 세 송이는 선물하지 않습니다. 그리고 독일인들은 포장한 꽃을 좋아하지 않으니까 꽃을 선물할 때 포장지에 싸서 주지 마세요.

사회자 브루노 씨, 프랑스는 어떻습니까? 프랑스에서도 꽃을 선물할 때 주의해야 할 게 있나요?

브루노 네, 프랑스에서는 빨간 장미를 아무에게나 선물하면 큰일 납니다. 왜냐하면 빨간 장미는 '사랑 고백'을 뜻하기 때문에 연인 사이에서만 주고받습니다.

사회자 오이슈텡 씨, 말레이시아에도 이런 꽃에 대한 금기가 있나요?

오이슈텡 말레이시아는 아니고 멕시코 친구한테서 들었는데, 멕시코에서는 연인에게 노란색 꽃은 선물하지 않는다고 해요. 왜냐하면 노란색은 죽음을 의미하기 때문이래요. 그리고 우리 말레이시아는 이슬람 국가이기 때문에 선물할 때 다른 주의해야 할 것들이 있어요. 우리나라에서는 돼지고기와 술은 절대로 선물해서는 안 돼요. 돼지가죽으로 된 물건이나 알코올이 들어간 향수도 역시 안 되고요. 그리고 선물은 반드시 오른손으로 주고 받아야 해요.

사회자 아, 그렇군요. 나라마다 여러 가지 금기가 있을 거라고 생각했지만 선물을 줄 때도 이렇게 금기가 많을 줄은 몰랐습니다. 우리가 이런 것들을 잘 알아 두어서 앞으로 다른 나라를 여행할 때나 다른 나라 친구들을 사귈 때 주의하도록 해야겠습니다.

듣기 지문

8과 3항 과제 2 [CD2:25]

여자 저는 물건을 살 때는 될 수 있는 대로 현금을 사용합니다. 그것이 돈을 좀 더 합리적으로 쓰는 방법이죠. 여러분도 아마 대형 할인점에 갔다가 물건값이 싸서 계획했던 것보다 더 많은 물건을 사게 되어 신용카드로 계산을 했던 경험이 있을 거예요. 그런데, 만일 신용카드가 없이 현금만 있다면 가지고 있는 돈에 맞게 처음 계획된 것만큼만 사게 됐을 겁니다. 현금을 쓰면 어떤 가게에서는 값을 깎아 주기도 하고 서비스도 더 좋아요. 신용 카드로는 필요한 큰 물건을 무이자로 살 수 있으니 얼마나 좋으냐고 하는 사람도 있긴 합니다. 하지만 그렇다고 해도 물건 값이 더 싸진 것은 아니잖아요? 그래서 저도 예전에는 신용카드를 사용했는데 지금은 사용하지 않아요. 그랬더니 경제적으로 더 넉넉해졌어요. 그리고 정신적으로도 여유가 생겼고요. 이제는 이번 달 카드 금액이 얼마나 많이 나올까 걱정하지 않아도 되고, 카드 금액을 다 내지 못할까 봐 걱정하지 않아도 되니까요.

남자 신용카드에 대해서 이런 저런 말들이 많은 건 사실입니다. 하지만 저는 신용카드의 장점을 최대한 이용하는 것이 현대를 지혜롭게 살아가는 방법이라고 생각합니다. 신용카드의 장점으로는 먼저, 현금이 없어도 신용카드만 있으면 거의 모든 곳에서 계산을 할 수 있다는 거예요. 갑자기 돈을 써야 할 때 은행이 근처에 없다면 어떻게 돈을 준비하시겠습니까? 그리고 매달 신용카드 회사로부터 여러분의 지출 목록을 상세히 알려 주는 명세서도 받게 되는데, 이 명세서로 여러분은 다음 달 계획을 세울 때 아주 유용하게 사용할 수 있을 겁니다. 또 필요한 고가의 물건을 큰돈을 들이지 않고 나눠 지불할 수 있게 합니다. 필요하지만 비싸서 사지 못하던 것을 살 수 있게 된다는 것은 얼마나 좋은 일입니까? 그리고 신용카드마다 다양한 서비스가 있습니다. 물건 값을 깎아준다거나 포인트 같은 것으로 내가 쓴 금액 중 일부를 돌려받기도 합니다.

9과 4항 과제 2 [CD2:36]

사회자 여러분은 요즘 청소년들 사이에서 점점 확산되어 가고 있는 기념일 문화에 대해 어떻게 생각하십니까? 예를 들면 밸런타인 데이나 화이트 데이에 초콜릿이나 사탕을 선물하는 것 말입니다.

오늘 우리는 이런 기념일 문화에 대해 토론을 하겠습니다. 이 자리에 참석하신 분들은 활발한 토론이 되도록 충분히 의견을 내 주시기 바랍니다. 그럼 기념일 문화에 대한 여러분의 생각을 먼저 말씀해 주십시오.

여자1 요즘의 기념일 문화는 상업적인 목적을 위해 생긴 문화일 뿐입니다. 대부분의 학생들은 광고의 영향으로 초콜릿이나 사탕을 산다고 합니다. 이런 걸 보면 기념일 문화는 결국 광고 때문이라는 걸 알 수 있어요.

남자1 상업적이라고 해서 다 나쁜 것은 아니지요. 우리는 자본주의 사회에 살고있기 때문에 어쩔 수 없이 상업성을 가질 수밖에 없다고 봅니다. 그리고 바쁜 생활 속에서 점점 이기적이 되어 가는 사람들이 가까운 연인이나 친구에게 선물을 하는 것은 좋은 거 아닙니까?

남자2 그렇기는 한데 어디서 어떻게 생겨났는지도 모르는 외국의 문화를 비판 없이 따라한다는 것은 문제가 있다고 봅니다.

여자2 그렇지만 외국에서 들어왔다고 해서 무조건 나쁜 것은 아니지요. 저는 이런 새로운 문화를 받아들여 건전한 방향으로 발전시켜 가야 한다고 생각해요. 그렇게 해야 문화도 발전하고 새로운 문화를 발견하는 재미도 있지요.

남자2 맞아요. 그러니까 이런 문화를 우리의 의식이 들어 있는 문화로 바꿔 나가야 합니다. 그리고 우리의 전통 문화 속에서 이런 기념일과 비슷한 것을 찾아 지켜 가는 노력도 필요합니다.

사회자 말씀 잘 들었습니다. 새로운 문화를 받아들이려면 비판도 필요하고 그것을 건전한 방향으로 발전시켜 나가야 한다는 의견이었습니다. 그럼 다른 분들의 의견도 더 듣도록 하겠습니다.

듣기 지문

10과 1항 과제 2 [CD2:39]

남자 요즘 동료들은 여름휴가에 대한 이야기를 많이 합니다. 그런데 저는 휴가가 별로 기대되지 않습니다. 이 회사로 옮긴 지 3개월도 되지 않았고 할 일도 많아서 휴가 가는 게 부담이 됩니다. 가족들이 기대를 하니까 가긴 가야겠지만 휴가 기간인 8월 초에는 지금보다 더 덥고 교통도 복잡할 텐데 걱정입니다. 아내는 쉬면서 재충전할 줄도 알아야 한다고 합니다. 그리고 저보고 일중독자라고 하지만 제 자신은 문제가 없다고 생각해 왔습니다. 저 같은 직장인도 꽤 많지 않습니까?

여자 저는 개인적인 사업을 하고 있는 주부입니다. 결혼 초에는 집안 살림만 했는데, 둘째아이가 어느 정도 큰 다음에 조금이라도 살림에 보탬이 될까 해서 작은 가게를 시작하게 됐습니다. 그런데 그 가게가 아주 잘 돼서 이제는 가맹점까지 모집하게 됐어요. 처음에는 부업으로 시작했지만 이제는 일이 제 인생이 되었습니다. 사업을 좀 더 본격적으로 해 보기 위해 요즘은 야간 대학원에서 경영학도 공부하고 있어요. 그리고 휴일에는 봉사활동도 하고요. 그런데 남편은 제가 너무 사업에만 매달리고 가정에는 신경을 쓰지 않는다고 매일 불평을 해요. 제가 놀러 다니는 것도 아닌데 이해를 못해 주는 남편이 섭섭하기만 합니다.

10과 4항 과제 2 [CD2:46]

[1] 저는 다음 달 졸업을 앞두고 있는데 지금까지 제 지도교수님이 누군지 몰랐어요. 최근에 취직을 하려고 추천서를 받아야 할 일이 생겨서 지도교수님을 찾아갔는데 추천서가 아니었다면 끝까지 지도교수님이 누군지도 모른 채 졸업할 뻔했어요. 저는 강의 시간 외에 교수님과 만날 일이 없었거든요. 그래서 교수님들을 만나도 스승과 제자 관계라는 느낌이 별로 들지 않았어요. 다른 친구들도 저와 비슷해서 강의 시간 외에 교수님과 대화를 나눠 본 친구는 몇 명 안 되는 것 같아요.

[2] 저는 사회적으로 존경받는 경영자입니다. 하지만 집에만 들어가면 외로움을 느낍니다. 아내는 저보다 아이들에게 더 관심이 많고 가끔 보는 아이들도 밥만 먹으면 자기 방으로 들어가 버립니다. 그래서 요즘은 아내와 아이들이 낯설게 느껴지기도 합니다. 처음에는 회사일 때문에 술집에 자주 갔지만 지금은 외롭고 심심해서 술집에 가게 됩니다.

[3] 요즘 우리 부서에서 저는 '왕따 부장'인 것 같습니다. 저는 가끔 분위기를 즐겁게 하려고 농담을 하는데 부하 직원들은 재미가 없는지 아무도 웃지 않습니다. 그리고 자기들끼리 인터넷으로 대화를 하는데 저는 거기에 낄 수가 없습니다. 그리고 예전에는 상사에게 감히 할 수 없었던 말과 행동을 요즘 부하 직원들은 거리낌 없이 하니까 가끔은 당황스럽기도 하고 화가 나기도 합니다. 그래서 제가 화를 내면 부하 직원들은 저를 '이상한 사람'처럼 쳐다봅니다. 요즘 같아선 회사 다닐 맛이 안 납니다.

색인

- 문법 색인
- 어휘 색인

문법색인

어휘색인

YONSEI KOREAN 4

ㅈ